De Heilige Reis

Swamini Krishnamrita Prana

Mata Amritanandamayi Center, San Ramon
Californië, Verenigde Staten

De Heilige Reis
door Swamini Krishnamrita Prana

Uitgegeven door:
  Mata Amritanandamayi Center
  P.O. Box 613
  San Ramon, CA 94583
  Verenigde Staten

———————————--— *Sacred Journey (Dutch)* —————————

Eerste uitgave door het MA Center: mei 2016

In Nederland:
  www.amma.nl
  info@amma.nl

In België:
  www.vriendenvanamma.be

In India:
  www.amritapuri.org
  inform@amritapuri.org

Ik kijk niet naar de toekomst,
en ik hoef die ook niet te zien,
Maar één visioen zie ik zo duidelijk voor me als het
*   leven zelf:*
De oorspronkelijke Moeder is opnieuw ontwaakt,
En zit weer jeugdig op Haar troon,
Glorieuzer dan ooit.
Verkondig Haar aan de hele wereld
Met de stem van vrede en zegening.

Swami Vivekananda

Inhoud

De gedichten aan het eind van ieder hoofdstuk werden in 1984 door Swamini Krishnamrita Prana geschreven.

Inleiding

*"Als je ogen het vermogen hebben
om door het oppervlak van het bestaan heen te dringen,
zal je leven vol vreugde zijn."*

Amma

Ik was er altijd gelukkig mee geweest om rondom Amma op de achtergrond te blijven, terwijl ik het Goddelijke spel zich voor mijn ogen zag ontvouwen. Zonder echt te begrijpen wat er allemaal gebeurde, was ik tevreden als toeschouwer met de onvolledige vertalingen die ik kreeg.

Ik bad gewoonlijk tot Amma: "Het is niet mijn manier om U achterna te rennen, om U na te jagen, zoals zoveel andere mensen doen. Dus als U wilt dat ik dichterbij kom, moet U me dichterbij trekken, omdat ik niet in staat zal zijn iemand opzij te duwen om dichter bij U te komen."

Amma zei altijd: "Of je bent iemand die wil vechten om vooraan in de menigte bij Amma te zijn of wees onthecht en zit achterin. Maar zit niet in het midden terwijl je jaloers bent op beide kanten." Dus zat ik vaak gelukkig onthecht achteraan totdat Amma me dichterbij trok.

We hebben allemaal illusies of fantasieën over wat wij denken dat spiritueel leven is, maar interessant genoeg is het tegendeel vaak dichter bij de werkelijkheid. De denkbeeldige kastelen die we bouwen, storten om ons heen in en onze illusies lossen in het niets op. Het leven is zelden wat we ervan verwachten. Ik heb nooit gedacht dat ik nog eens schrijver zou worden, en vooral niet van een spiritueel boek; maar dankzij Amma's Genade is dit boek ontstaan. De eerste keer dat het idee voor een boek in mij opkwam, was in 2003. Ik zat bij Amma terwijl Zij met een paar van ons enkele ashramzaken besprak. Amma zei: "Kinderen, het is beter om gras te plukken en te eten en daarvan te leven dan onze waarden op te offeren. Het is onze heilige taak om het systeem van spirituele waarden in stand te houden. Het is onze plicht om geen fouten te maken, want als iemand die ons volgt valt, kunnen andere mensen die hem volgen ook vallen."

Ik voelde me enorm geïnspireerd en bevlogen met enthousiasme toen ik Amma's heilige woorden hoorde. Amma's oprechtheid in het hooghouden van de waarden uit de spirituele traditie raakte de kern van mijn wezen. Ik voelde een verantwoordelijkheid om deze kostbare inspirerende momenten met de rest van de wereld te delen. In het bijzonder voelde ik het als mijn plicht om Amma's wijsheid te delen. Want Haar wijsheid is niet bedoeld voor slechts een paar mensen, maar moet doorgegeven worden aan iedereen om de duisternis die ons leven omgeeft, te verlichten.

Ik zou nooit durven beweren dat ik de ideale spirituele zoeker ben, verre van dat. Maar op een bepaalde manier, met een beetje inspanning en oprechtheid van mijn kant, heeft Amma's genade mijn leven overspoeld. Als spiritueel reisgenoot die ook onderweg is op het pad van deze heilige reis, bied ik enkele van mijn eigen waarnemingen aan in de hoop dat anderen zich ook geïnspireerd zullen voelen om een leven van toewijding te leiden en zullen voelen dat de glorie van de Goddelijke Moeder zich in hun leven ontvouwt.

Met slechts één drup liefde
hebt U mijn ziel in vlam gezet, dorstig naar U.
Zinloos zwerf ik door deze erbarmelijke wereld,
trachtend U te aanschouwen.

Alles heeft zijn betekenis verloren.
Zoete gelukzaligheid hand in hand met verdriet
karnt mijn eenzame leven.
In mijn dorre hart plantte U een zaadje van liefde.
Nu bloeit en groeit het,
geduldig op U wachtend om geplukt te worden.

De lotus van mijn hart
zoekt zijn thuis bij U.
Laat deze eenzame bloem niet verpieteren
terwijl zij op U wacht.

Hoofdstuk 1

Amma's kinderjaren

"Als je alles als God beschouwt,
ben je altijd in een stemming vol verering.
Als er geen gevoelens van gescheidenheid zijn,
wordt je hele leven een daad van verering,
een vorm van gebed, een loflied."

Amma

Amma in een paar woorden beschrijven aan iemand die Haar nog nooit heeft ontmoet, wordt een heel ontmoedigende onderneming. Want Amma bestaat voorbij de reikwijdte van woorden. Dr. Jane Goodall gaf een van de beste typeringen die ik heb gehoord, toen ze Amma de Gandhi-King Onderscheiding voor geweldloosheid overhandigde. Ze omschreef Amma als: "Iemand die de belichaming van goedheid is, ... Gods liefde in een menselijk lichaam." Niets kon dichter bij de waarheid zijn dan deze omschrijving.

Amma was vanaf het vroege begin opmerkelijk. Bij de geboorte alarmeerde Ze Haar moeder Damayanti Amma, omdat Ze niet huilde. Haar moeder was uitzonderlijk bezorgd over Haar, totdat ze naar haar nieuwgeboren dochter keek en Haar prachtige glimlach zag. Haar huid was donker met een blauwe tint en dat baarde Haar ouders ook zorgen. Ze noemden Haar Sudhamani, wat 'goddelijk juweel' betekent, en dat was Ze echt.

Amma's ouders en familieleden waren vrome mensen, die zich conformeerden aan de traditionele religieuze gewoontes van de familie en het dorp, maar Amma's gedrag was voor hen onbegrijpelijk en ze dachten dat er echt iets mis was met Haar. Amma zong voortdurend de namen van God en Haar aandacht was niet altijd gericht op de wereld om Haar heen. Ze riep dag en nacht tot *Sri Krishna* om zich aan Haar te openbaren. Ze danste in gelukzaligheid en bedacht prachtige devotionele liederen vanaf een zeer jonge leeftijd; maar soms viel Ze op de grond in een toestand van extase en dit vreemde gedrag maakte hen bang.

Amma's dorp was een eenvoudige gemeenschap van hardwerkende vissers. Het zou een verkeerd beeld geven als we zeggen dat Amma in armoede werd geboren, zoals wij het vaak verstaan. Het was eerder een economische eenvoud met erg weinig geld, een manier van leven die al eeuwen plaatsvond in een klimaat dat in veel van de basisbehoeften van het gezin voorzag. Toch kunnen in het dorpsleven zelfs kleine ongelukken wanhopige armoe veroorzaken, hetgeen tot gebrek aan voedsel, kleding en elementaire zorg leidt. Toen Amma als kind het lijden zag dat door deze armoe veroorzaakt werd, voelde Ze dat Ze alles moest doen wat Ze kon om degenen die verarmd waren te helpen. Deze hulp betekende vaak dat de middelen van de familie werden aangesproken, bijvoorbeeld door het wegnemen van voedsel of geld uit Haar huis om aan diegenen te geven die niets hadden. Voor Haar gewoonlijk vrijgevige ouders was dit idioot gedrag, dat niet te tolereren was en het leidde tot ernstige straffen voor Amma. Ze concludeerden dat dit het gedrag van een abnormaal kind was en dachten dat er absoluut iets mis met Haar was. Toch werkte Amma heel hard en hoe harder Ze werkte, hoe meer werk Ze te doen kreeg.

Toen Damayanti Amma ziek werd, werd Amma gedwongen om in de vierde klas van school te gaan om voor Haar broers en zussen te zorgen. Omdat Ze een kind was dat snel van begrip was en een sterk geheugen had, kreeg Ze alle verdere scholing door Haar broers en zussen met hun lessen te helpen.

Toen de kinderen klein waren, maakte Damayanti Amma ze allemaal vroeg wakker voor de ochtendgebeden. De anderen hoopten meestal dat hun moeder zich zou verslapen, zodat ze wat langer konden slapen. Alleen Amma stond blij op uit haar slaap voor de gebeden. Ze was het enige kind dat echt toegewijd was. Amma haalde niet één keer adem zonder aan God te denken. Dag in dag uit deed Ze voortdurend moeite om aan God te denken door Zijn namen te zingen en Zijn dierbare vorm in Haar hart te visualiseren. Ze nam niet één stap zonder Zijn naam te zeggen. Als Ze het vergat, deed Ze een stap terug en zette de stap opnieuw waarbij Ze de *mantra* herhaalde. Als Ze aan het zwemmen was, zweerde Ze om Haar mantra een bepaald aantal keer te herhalen voordat Ze naar de oppervlakte kwam voor Haar volgende ademhaling. Zo toegewijd was Amma aan het doel om zich God volledig te herinneren.

Toen Amma zes of zeven jaar was, dacht Ze al na over de zin van het leven. Voor sommigen van ons is het pas aan het einde van ons leven, nadat we een wereldlijk bestaan hebben geleid, dat we deze vraag beginnen te overdenken. Terwijl andere kinderen met speelgoed speelden, overdacht de kleine Sudhamani waarom er zoveel lijden in de wereld was.

Ze ging alle huizen in het dorp langs en verzamelde groenteafval en restjes rijstegruwel die weggegooid zouden worden, en met dit voedsel gaf Ze de koeien van Haar familie te eten. Terwijl Ze dit deed, zag Ze alle oude en zieke mensen die in sommige van deze huizen woonden, en Ze besefte dat hun familie vaak niet goed voor hen zorgde.

Ze vertelden Haar hoe hun opgegroeide kinderen eens hun voeten hadden vereerd, voor hun gezondheid en lang leven hadden

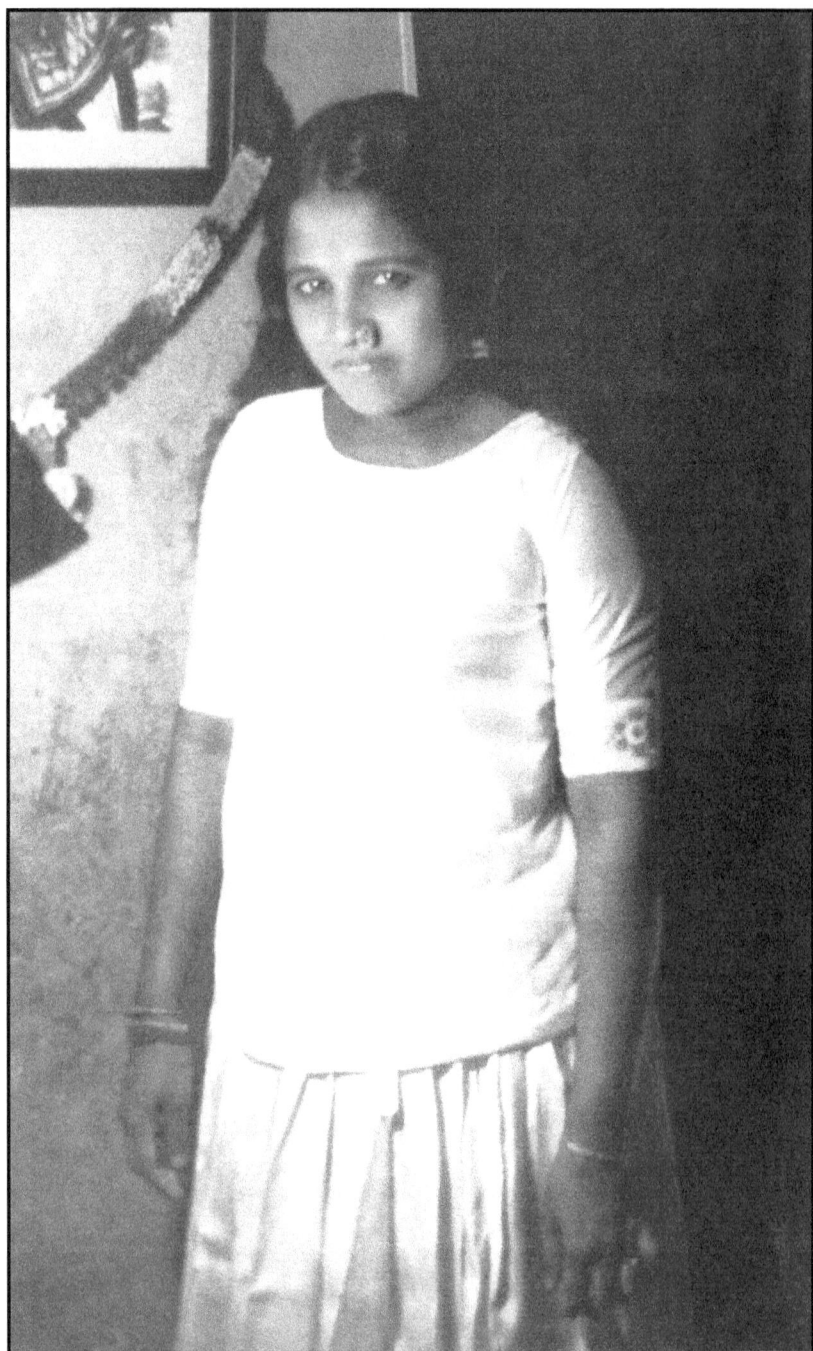

gebeden en gezworen hadden om voor hen te zorgen als ze oud werden. Maar in de drukte van hun eigen leven vergaten ze later hun beloftes, lieten hun oude ouders aan hun lot over en behandelden hen vaak slecht. Als klein meisje bracht Amma deze oude mensen naar Haar eigen huis en gaf ze een warm bad, waste hun kleren in de vijver van het gezin en gaf ze te eten voor Ze hen naar huis terugbracht. Als ze erg arm waren en niet genoeg voedsel thuis hadden, nam Ze soms voorraden uit Haar eigen huis mee en gaf deze aan de oude mensen om mee naar huis te nemen. Als Haar ouders dit ontdekten, gaven ze Haar een uitbrander en sloegen Haar zelfs. Maar geen woorden of hardvochtige daden konden Haar tegenhouden of Haar meedogende hart veranderen dat pijn deed door het lijden van anderen.

Omdat het een arm vissersdorp was, waren veel mensen ziek en leden door hun ziektes of armoede. Wanneer Amma al hun problemen en moeilijkheden zag, overdacht en onderzocht Ze de zin van het leven. Amma zei dat Ze zelfs in het vuur wilde springen om een eind aan Haar leven te maken, omdat Ze zo overweldigd was door het lijden van de mensen overal.

Doordat Ze God onophoudelijk vroeg waarom dit intense lijden zo wijd verspreid was, onthulde een stem in Haar tenslotte dat het lijden van de mensen voortkwam uit hun *karma*: de daden van mensen in dit leven of in hun voorgaande levens. Het resultaat van deze vroegere slechte daden zou uiteindelijk naar hen terugkeren in verschillende vormen van lijden. Maar zoals het hun karma was om te lijden, vond Amma dat het Haar plicht was om te proberen hun lijden te verlichten. Wanneer we langs een sloot lopen waar iemand in is gevallen, kunnen we op een vergelijkbare manier niet alleen zeggen dat het hun karma is dat ze in de sloot zijn gevallen. We moeten een helpende hand reiken om hen eruit te halen omdat dit onze plicht is. Door deze onthulling heeft Amma vanaf haar kinderjaren geprobeerd het uiterste te geven in iedere daad van Haar, om het pijnlijke lijden in het leven te verlichten en troost aan de mensheid te bieden.

De mensen nodigden Amma bij hen thuis uit om *bhajans* te komen zingen omdat Ze bekend was om Haar lieve stem en Ze Haar eigen devotionele liederen bedacht. In de kuststreek waar Ze woonde, had ieder huis een boek waarin ze hun bhajans opschreven.

Als Amma naar een huis ging en een lied in hun boek zag dat Ze mooi vond, begon Ze het onmiddellijk te zingen. Als de mensen uit dat huis later hun boek openden, ontdekten ze dat er een bladzijde uit was. Amma had de bladzijde eruit gescheurd en meegenomen. Soms eigende Ze zich zelfs hele boeken met bhajans toe. Thuis raakte Haar familie ontdaan en vroeg Haar waarom Ze dit deed. Ze waren bang dat hun buren zouden komen en ruzie met hen zouden maken als ze ontdekten dat een bladzijde of een heel boek ontbrak. Amma gaf hun nooit antwoord. Pas vele jaren later legde Ze uit dat het traditie is dat mensen met een gezin een offergave doen wanneer een *Mahatma* hun huis bezoekt om de aanbidding te leiden. Amma kon op dat moment niets tegen de mensen zeggen, omdat Zij voor hen maar een eenvoudig dorpsmeisje was. In plaats daarvan nam Ze uit mededogen een bladzijde uit hun bhajanboek mee, zodat de mensen geen slechte verdienste op zouden lopen omdat ze Haar niets offerden.

Toen Amma's oudere zus over hun leven als kind praatte, zei ze dat ze Amma vaak 'gek' noemden. Amma tilde iets erg zwaars op en zei dan: "Dit is erg licht." Of ze deed iets dat ongelofelijk moeilijk was en zei: "Dit is heel gemakkelijk." Er leek geen reden voor Haar te zijn om dit te zeggen en het ergerde Haar broers en zussen enorm. Pas later realiseerden ze zich dat Amma probeerde uit te leggen dat Zij de dingen anders waarnam. Ze probeerde hun een soort aanwijzing te geven over Haar Goddelijke Natuur, maar in die tijd konden ze Haar niet begrijpen.

Op een dag zaten de vier zussen samen onder een boom. Amma zong een bhajan in Zichzelf. Ze merkte stilletjes op: "Nu kunnen we allemaal bij elkaar zitten; de tijd zal komen dat jullie in de rij moeten staan om me te ontmoeten." Ze dachten allemaal, "O, natuurlijk! Kijk Haar toch! Wie denkt Ze wel dat Ze is! Ze is echt gek!"

Er waren veel andere voorvallen die op Amma's grootheid wezen. Op een keer gingen Amma en Haar twee zussen een tempel in een nabijgelegen stad bezoeken. Ze kwamen de tempel binnen juist voor de avond*arati*. De deuren van het binnenste van de tempel waren bijna helemaal dicht, maar de meisjes konden door de kleine opening zien wat er gebeurde.

De *pujari* deed de eredienst voor de Godin in de tempel. Toen hij de arati deed, probeerde hij bloemen op de voeten van het beeld te strooien, maar de bloemen vielen niet de goede kant op. In plaats daarvan bleven ze op een behoorlijke afstand de verkeerde kant op vallen. Hij was verbijsterd en wist niet wat te doen.

Amma stond in het midden achter Haar oudere zus met hun jongere zus achter zich. Plotseling stond de pujari op, nam de schaal met bloemen, de aratilamp en een bloemenkrans en kwam het binnenste van de tempel uit. Hij liep recht op Amma af en offerde de bloemen aan Haar voeten, hing Haar de bloemenkrans om en deed de arati voor Haar. Amma leunde naar achteren tegen de muur met Haar ogen gedeeltelijk gesloten. Toen zegende Ze de man met een aanraking op zijn hoofd en verliet Ze met Haar zussen de tempel.

De anderen in de tempel die getuige waren van deze gebeurtenis. waren enorm geschokt omdat ze nog nooit zoiets hadden gezien – een pujari die een jong dorpsmeisje vereerde in plaats van het godsbeeld in de tempel. Haar zussen waren eveneens volledig verrast door deze vreemde loop van gebeurtenissen, maar ze waren er ook aan gewend dat het onvoorstelbare rondom hun zus plaatsvond.

Amma verrichtte een buitengewone hoeveelheid werk van 's morgens vroeg tot 's avonds laat. Ze werkte erg hard, maar toch bleef Haar aandacht de hele tijd op God gericht. Een van de taken van de kinderen was het zorgen voor de koeien van het gezin, wat betekende dat ze gras moesten maaien om ze te voeren. Een grote groep meisjes ging meestal samen op weg, en er was gewoonlijk twee uur nodig om deze taak te verrichten. Zodra de meisjes gras vonden, begonnen ze te maaien, maar Amma ging dan in een afgelegen hoekje zitten en deed Haar ogen dicht om te mediteren. De anderen beseften niet dat Amma aan het mediteren was en dachten dat Ze alleen aan het rusten was.

De meisjes hadden grote manden die ze met gras vulden. Ze maaiden anderhalf uur gras. Dan stond Amma plotseling op, pakte een sikkel en maaide, maaide en maaide, twintig minuten lang. Terwijl de anderen drie manden in twee uur vulden, vulde Amma vijf manden in twintig minuten. De hele weg terug ruzieden de meisjes met Amma en beschuldigden Haar ervan dat Ze hun gras had gestolen. Ze dachten echt dat Ze dat gedaan had, want hoe kon Ze anders zoveel gras zo snel verzameld hebben? Daarom legden ze droge takken onder in de manden en legden dan het gras er bovenop zodat zij ook vijf volle manden hadden.

Amma werkte zo hard als een dienstmeisje en zo werd Ze ook behandeld. Ze werd vaak gestraft hoewel Ze nooit aan anderen liet weten wat Ze moest doormaken om hen te helpen. In stilte onderging Ze het allemaal. Amma huilde met Haar hele hart en ziel om Krishna. En met dat hunkeren naar Hem verdreef Ze de pijn van de hele dag. Hoe meer lijden Amma in Haar leven ervoer, hoe meer Ze zich in devotie tot God richtte.

O Krishna,
ik hoor dat uw fluit mij liefelijk roept.
Ik verlang ernaar alles te laten vallen
en me te haasten U te zoeken,
maar als ik dichterbij probeer te komen,
ontdek ik dat mijn voeten vastzitten
aan de zware ketenen van deze wereld,
die me niet los willen laten.
Slechts mijn van smart vervulde geest
kan U proberen te zoeken.
Ik heb mijn portie van deze droevige wereld gehad.
Hij probeert me nog meer hiervan te geven,
maar ik kan niets meer van zijn gif aanraken.
Laat me hier alleen sterven
verlangend U te aanschouwen.

Hoofdstuk 2

De weg naar Amma

"Het leven wordt slechts vol en compleet
wanneer het hart vervuld is
van geloof in een Opperste Kracht.
Tot dan toe zal de zoektocht
om de kloof te dichten voortduren."

Amma

Toen ik klein was, ging ik tijdens de schoolvakanties altijd naar mijn vaders boerderij. Ons gezin bestond uit drie kinderen en we hielpen graag met het werk om het onkruid van het land af te halen. Ons leek het werk altijd leuk.

Ik herinner me zeer levendig een ervaring die ik had toen ik zeven of acht jaar oud was. Ik bukte en raapte een paar zandkorrels op. Terwijl ik afzonderlijk naar een of twee zandkorrels keek, kon ik ze in de zon als diamanten zien schitteren. Ik raakte heel opgewonden en dacht dat ik het 'geheim van het universum' had ontdekt.

Ik zag zo'n schoonheid in deze zandkorreltjes en dacht dat als een klein deeltje vuil zo'n schoonheid in zich kon hebben, de hele wereld dan van dergelijke deeltjes gemaakt moest zijn. Ik voelde dat 'het geheim van het universum' was, dat alles overal uit diezelfde schoonheid bestond. We hadden het nooit eerder opgemerkt omdat het allemaal door elkaar gemengd was. Dit diepe inzicht bleef enige tijd bij me en is iets wat ik me altijd zal herinneren. Door de onschuldige ogen van een kind kan het wonder van het universum zich ontvouwen.

Nadat ik mijn school had afgemaakt, werkte ik als receptioniste en secretaresse bij een plastisch chirurg. Het was een interessante baan die me veel dingen over de wereld leerde. Deze plastisch chirurg was een specialist in handchirurgie, het vervangen van gewrichten van mensen die reumatoïde artritis hadden. Veel mensen kwamen ook bij hem voor verschillende soorten cosmetische chirurgie. In de twee jaar dat ik voor hem werkte, waren er aanvankelijk ongeveer drie patiënten per dag voor een ingreep gepland. Geleidelijk aan begon de dokter vier, vijf of zes patiënten in een dag te proppen. Het leek me dat hij meer geld probeerde te verdienen om zijn luxe leven te kunnen betalen. Het aantal infecties onder zijn patiënten begon toe te nemen, waarschijnlijk omdat hij minder tijd aan hun verzorging besteedde. Toen ik dit zag, raakte ik gedesillusioneerd en vond dat het er in het leven niet om ging geld te verdienen om zich luxe te kunnen veroorloven. Ik wilde 'mijn ziel niet verkopen' voor geld in de vorm van een wekelijks loonstrookje. Ik voelde dat er iets meer in het leven moest zijn en hoewel ik niet precies wist wat het was, ging ik weg om dat uit te zoeken. Dus nam ik ontslag toen ik achttien was.

Ik besloot te gaan reizen om te ontdekken waar het in het leven echt om ging. Ik reisde acht maanden door Azië. Tijdens het reizen ontdekte ik dat mensen erg weinig materiële bezittingen hadden, maar meer innerlijke rust leken te hebben dan de meeste mensen uit westerse landen met al hun materiële gemakken. Dit intrigeerde me en ik kwam tot het inzicht dat welk pad ze ook gekozen hadden, hun geloof in God en in religie hun die innerlijke rust gaf.

Mijn laatste bestemming was India. De meeste mensen die ik ontmoette, hadden weinig materiële bezittingen of gemakken, maar waren gelukkig. Ik voelde dat toewijding aan God, in welke vorm Hij ook werd opgevat, alle gezinsleden verenigde en vreugde in hun leven bracht.

Toen ik opgroeide, hoorde ik mensen over God discussiëren. Ik wist niet wat ik in die tijd moest geloven, omdat niemand die ik ooit had ontmoet, echt ervaren had hoe het was om God te kennen. Voor mij was de leegheid dat ik geen echte relatie met God had, aanleiding om me als tiener van religie af te wenden. Dus toen ik in contact kwam met het idee van religie zoals dat in de hindoetraditie geleerd werd, leek het leven weer zin te krijgen. Ik voelde dat de idealen van onbaatzuchtig dienen, discipline en het ontwikkelen van goede eigenschappen en goede gewoonten het leven zinvoller maakten en een uitdaging en een vreugde vormden.

Nadat ik naar India gereisd was en de filosofie van het leven zoals die in het hindoeïsme is beschreven gehoord had, besefte ik dat dit echt het antwoord was op de vraag waar het in het leven om ging. De werking van de geest, de emoties en de verschillende mentale vermogens werden allemaal zo wetenschappelijk en logisch beschreven dat religie daardoor heel gemakkelijk te begrijpen werd. De concepten over toewijding en een God met wie je een persoonlijke relatie kon ontwikkelen, waren heel zinnig voor me.

Ik keerde uiteindelijk naar Australië terug, waar ik weer in contact kwam met een paar vrienden met wie ik had gereisd. Ze vroegen me of ik wilde leren mediteren en nodigden me uit om bij hun *satsang*groep te komen. Enthousiast nam ik de uitnodiging aan. Omdat er na de satsang een maaltijd was, maakte ik iets klaar om mee te nemen: eieren in hete saus. Ik dacht dat het een goed idee was, maar het viel bij de anderen niet zo goed in de smaak: ze aten geen eieren. Hoe dan ook, ik genoot ervan om

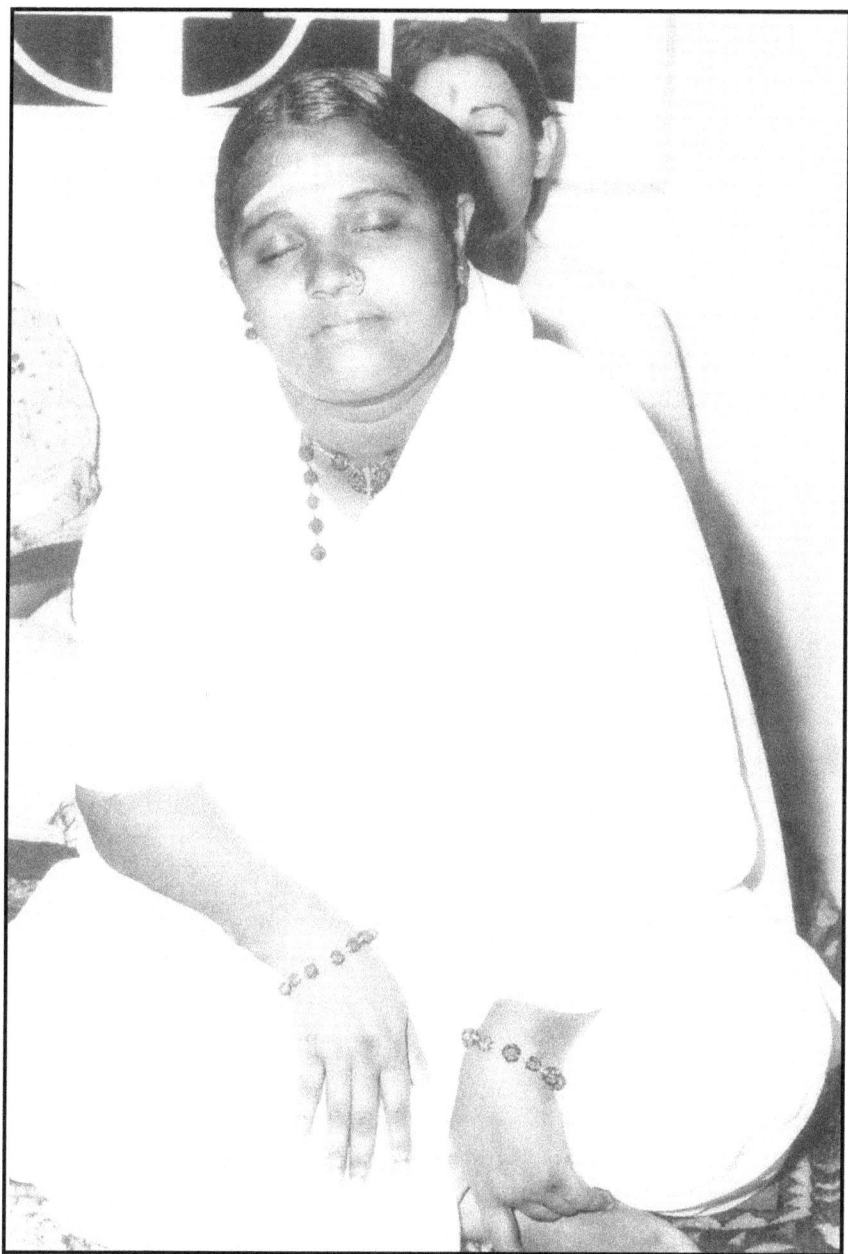

naar de spirituele waarheden te luisteren. Die avond ging ik terug naar huis met mijn schaal eieren en iets anders: in de hindoeleer had ik alle antwoorden op mijn vragen over het leven en de zin daarvan ontdekt.

Voor het eerst in mijn leven was wat ik had gehoord volkomen zinvol. De oude waarheden van *Sanatana Dharma* (het hindoeisme), die verklaren dat God in iedereen is, in jou en mij, en dat het doel van het menselijk bestaan Godsrealisatie is, raakten mijn diepste kern en maakten iets in me wakker. Eindelijk had ik het antwoord waar ik naar gezocht had. Eindelijk begreep ik waar het om ging in het leven. Ik herinner me nog dat het op de terugweg van de satsang leek of de hele natuur zich verheugde, de zon was schitterend, de blaadjes aan de bomen dansten in gelukzaligheid en de vogels zongen in de hemel boven me.

Na een korte tijd reisde ik opnieuw naar India en ging in een *ashram* in noord India wonen. Ik had daar zes maanden gezeten, toen ik over Amma hoorde. Ik ging op weg om Haar te ontmoeten en besefte spoedig dat ik bij Haar wilde wonen om mij door Haar als mijn spiritueel leraar te laten leiden en om me discipline bij te brengen als mijn *Guru*.

In 1982 kwam ik voor de eerste keer naar Amma's ashram. Na het wonen in een groot en goed ontwikkeld instituut met duizenden mensen vanuit de hele wereld was het een totale en heerlijke verrassing om Amma's nederige kleine ashram te bezoeken, waar slechts veertien mensen woonden in een paar van palmbladen gemaakte hutten. Toen ik aankwam, ging ik de hut in waar Amma zat. Ze zag me, stond op en snelde naar me toe om me te omhelzen. Ik was volledig overmand door de liefde en tederheid die Amma mij, een complete vreemdeling, betoonde. In de ashrams die ik tot nu toe bezocht had, kon je alleen van verre een nederige buiging maken, terwijl de Guru onaantastbaar op een veilige afstand zat. Maar hier streelde Amma Haar toegewijden teder, zelfs degenen die net voor de eerste keer binnenliepen, met een liefde en goddelijk mededogen waarvan ik het bestaan nooit vermoed had.

Ik had in die tijd behoorlijk wat over Guru's gelezen en gehoord en had me hen altijd voorgesteld als zittend op een troon waarbij de mensen naar hen toegingen voor een soort onpersoonlijke zegening. Ik had zelfs verscheidene spirituele Meesters ontmoet. Hoewel sommigen van hen op hun manier indrukwekkend waren, leken ze allemaal tamelijk ontoegankelijk. Maar Amma was volledig anders. In tegenstelling tot de meeste Guru's was Ze een jonge en heel mooie vrouw, slechts negenentwintig jaar. Zodra ik de kamer waar Ze was binnenkwam, ontving Ze me met zoveel intimiteit alsof ik Haar eigen kind was. "Niemand geeft zoveel liefde aan vreemdelingen!" dacht ik alsmaar. Ik had er toen geen benul van dat er voor Amma geen vreemden waren. "Dit is een heel ongewoon, echt buitengewoon iemand," dacht ik.

Het kostte me drie weken om een beetje een idee te krijgen hoe buitengewoon Amma was. Terwijl ik Haar dag in dag uit observeerde, drong het langzaam tot me door dat Ze Goddelijk was. Ze was niet alleen maar een heilige, zoals ik aanvankelijk dacht, Ze was volledig opgegaan in God, ondergedompeld in goddelijke extase. Ik was er getuige van dat Zij in *samadhi* ging en in het zand lag, nu eens lachend en dan weer huilend, volledig opgegaan in een ongelofelijke onaardse liefde. Als Ze tijdens de bhajans God aanriep, was Haar liefde zo voelbaar. Ik voelde dat het mijn ziel raakte als Ze het bewustzijn van Haar lichaam verloor en naar een goddelijke wereld opsteeg waar wij niet bij konden. Haar kinderlijke onschuld deed Haar soms op een kind lijken, de beste vriend en speelkameraad van de toegewijden, terwijl Ze op andere momenten ogenblikkelijk de moeder werd, de Guru, de gids.

Amma was een gerealiseerde ziel, concludeerde ik... en toch paste Ze in geen van mijn concepten over hoe gerealiseerde zielen behoorden te zijn. Ik had over Guru's gelezen die de mensen zelfs hun voeten niet lieten aanraken uit vrees dat ze de energie zouden verliezen die ze door *sadhana* hadden verkregen. En hier was Amma, die zich volstrekt niet bewust was van zo'n mogelijkheid en iedereen die met Haar in contact kwam omhelsde alsof het Haar eigen familie was.

Soms leek Amma te handelen als een gek meisje en sprak zo ook over zichzelf. Ze at voedsel van de grond, speelde uren met kinderen, werd één met hen en barstte in ongecontroleerd lachen uit. Onder de bhajans en *darshan* stopte Ze soms midden in een zin, waarbij Haar ogen omhoog draaiden als Ze in *samadhi* verzonk. Ondanks Haar ongewone gedrag was ik er absoluut van overtuigd dat Ze God had gezien en mij een echte relatie met God kon geven. Ik dacht dat ik in Amma misschien een Meester van een ander niveau had gevonden dan waar ik ooit over had gelezen of gedroomd. Het was duidelijk dat Amma niet alleen God gezien had, maar dat Ze één met het Goddelijke was geworden.

Voordat ik Amma had ontmoet, dacht ik eraan om te trouwen en een gezin te stichten. Ik had ook altijd willen reizen en de wereld zien. Na Amma ontmoet te hebben vielen deze verlangens eenvoudig weg. Ik had het antwoord gevonden op mijn meest fundamentele vraag: "Waar gaat het in het leven om?" In Amma had ik niet alleen het doel en de betekenis van het leven ontdekt; ik had een prachtige Meester gevonden die me wilde helpen mijn leven volgens spirituele principes te leiden. Nadat ik de grote spirituele waarheden had gehoord en deze in Amma volledig belichaamd had gezien, wist ik dat ik niet terug kon gaan om een gewoon leven in het Westen te leiden. Ik zou nooit voor kunnen wenden dat zo'n leven echt was. Ik wilde de rest van mijn leven geven om Amma te dienen.

Voordat ik U vond,
zwierf deze onwetende ziel
tevreden rond
in de wereld van begoocheling.
Maar nu,
met maar één drup liefde
van Uw meedogende vorm,
is mijn hart rusteloos geworden,
slechts op zoek naar Uw liefde.
Mijn geest wacht met smart
alleen om U te kunnen zien.
Al het andere is zinloos en nutteloos geworden.

Ik ben verloren in deze vreemde wereld,
met mijn brandende hart,
dat ernaar verlangt U lief te hebben.
De dagen gaan voorbij
en nog steeds bent U zo ver weg.
Nog pijnlijker is deze onvervulde liefde voor U
dan het leven in de wereld van zinsbegoocheling.

Hoofdstuk 3

De begindagen

"Als je Moeders woorden en daden overdenkt,
hoef je geen enkel geschrift te bestuderen."

Amma

Voordat de ashram werd gebouwd, hadden we slechts de hoogstnoodzakelijke dingen. Soms was er niet eens genoeg eten voor iedereen, zodat Amma naar de huizen in de buurt ging om wat rijst bij elkaar te bedelen om ons te eten te geven. De faciliteiten waren beperkt, er was slechts één toilet en één kraan die we konden gebruiken, maar op de een of andere manier redden we het met het weinige dat we hadden.

Onderdak was schaars. Aanvankelijk gebruikten we één kamer in het huis van Amma's ouders, maar spoedig hadden we het hele huis in beslag genomen. Als er bezoekers kwamen, moesten we vaak onze eigen kamer afstaan, omdat we niet genoeg onderdak voor iedereen hadden. Op een keer verscheen er een gezelschap van dames om in de ashram te blijven en Amma vroeg mijn kamergenote en mij om hun onze kamer te geven. Omdat er voor ons geen andere plaats om te slapen was, sliepen we in de kleine keuken of buiten in het zand. Het gezelschap besloot een hele tijd te blijven.

Twee maanden gingen voorbij. We klaagden nooit en sliepen blijmoedig waar we konden, omdat we dachten dat dit een test van Amma was om te zien hoe onthecht we waren van onze omstandigheden. Uiteindelijk bracht iemand bij Amma ter sprake dat we nog steeds geen vaste slaapplaats hadden. Amma was hier verbaasd over en regelde dat het gezelschap elders ging wonen en we kregen ten slotte onze kamer terug.

In die begindagen was er niet altijd stromend water. Soms moesten we gaten in de grond graven om een waterbron aan te boren. Het water stroomde langzaam in de kleine, met de hand gemaakte putten en we verzamelden dit water om onszelf en onze kleren te wassen. Hoewel het water aanvankelijk tamelijk schoon was, werd het vroeg of laat troebel. Als we zweren op ons lichaam kregen, wisten we dat het tijd was om een nieuw gat te graven.

Amma zei ons vaak waar we deze gaten voor onze water-voorziening moesten graven. Op een avond liep Amma langs mijn kamer en zei: "Graaf morgenochtend hier op deze plek een gat." Ik was verbaasd omdat Ze een plaats net buiten mijn voordeur aanwees; ik kon me niet voorstellen daar een bron aan te treffen. Maar echt waar, toen er de volgende morgen een gat was gegraven, was er een plas water op die plek door de grond gesijpeld. Zodoende hadden we onze watervoorziening voor de komende weken. Amma wist hoe Ze voor ons moest zorgen en manifesteerde precies dat wat we nodig hadden.

Amma had altijd Haar eigen unieke manier om ons een spirituele les te leren. Als iemand een fout had begaan en Ze de nadruk op een les wilde leggen, onderging Ze soms de straf op Haar eigen lichaam in plaats van die persoon te berispen. Haar lichaam was voor ons zo kostbaar dat deze daden veel meer invloed op ons hadden dan een uitbrander van Haar. Op een keer, toen iemand iets verkeerd had gedaan, begon Amma een groot zwaar blik met melkpoeder tegen Haar hand te slaan. Toen de situatie wat rustiger was geworden, pakte ik een natte doek en legde die op Amma's hand om de pijn te verzachten. Amma keek toe hoe

ik dit deed en glimlachte. Toen ik klaar was met het verzorgen, fluisterde Ze me ondeugend toe: "Het was de andere hand."

Amma probeerde ons altijd door haar persoonlijke voorbeeld te onderwijzen. Vele jaren geleden toen de tempel in de ashram in aanbouw was, liep Amma op die plek in de maneschijn rond, waarbij Ze zo nu en dan bukte om iets van de grond op te rapen. Het was aan het eind van een lange dag van publieke darshan en dit was de manier waarop Amma Haar tijd om te rusten doorbracht.

Een *brahmachari* ging naar Haar toe en zei: "Amma, wat bent U aan het doen? U moet rusten." Amma antwoordde: "Zoon, Amma raapt deze roestige spijkers op." De jonge brahmachari vroeg zich af waarom Ze dit deed op zo'n laat tijdstip waarop Ze had moeten slapen. Amma zei: "Veel arme mensen komen naar deze ashram en wat gebeurt er als een vader van een gezin een spijker in zijn voet krijgt en die gaat ontsteken? Dan moet hij misschien naar het ziekenhuis en wie zou er dan voor zijn gezin moeten zorgen? We kunnen deze roestige spijkers ook recht slaan en ze opnieuw gebruiken voor de bouw van de tempel of we kunnen ze als schroot verkopen." De brahmachari was sprakeloos toen hij de wijsheid achter Amma's allesomvattende liefde en Haar volkomen fysieke energie overdacht. Nadat Amma zich een hele dag met de persoonlijke problemen van mensen had beziggehouden en hen getroost had, had Ze het inzicht om hen te beschermen tegen mogelijk kwaad dat hen zou kunnen overkomen bij hun bezoek aan de ashram.

Toen Amma op een keer de lunch met de ashrambewoners gebruikte, gooide Ze Haar glas karnemelk om en de inhoud kwam op de cementen vloer terecht. Ik haastte me om een doek te halen, maar Amma hield me tegen en dronk vervolgens de karnemelk direct van de vloer. Twee westerse bezoekers die toen aanwezig waren, keken elkaar geschokt aan. Spoedig daarna verlieten ze de ashram – klaarblijkelijk waren ze niet klaar voor zo'n diepgaande les.

In de beginjaren gaf Amma naast de dagelijkse darshan- en bhajanprogramma's drie keer per week *Bhava* darshans. Hoewel Amma in 1985 opgehouden is met het geven van *Krishna Bhava* darshan, geeft Ze nog af en toe *Devi Bhava* darshan. Over deze bijzondere Bhava darshans zei Amma ooit: "Alle goden uit het hindoepantheon, die de talloze aspecten van het ene Hoogste Zijn vertegenwoordigen, bestaan in ons. Iemand die Goddelijke Kracht bezit, kan elke godheid door louter wilskracht voor het welzijn van de wereld manifesteren. Krishna Bhava is de manifestatie van het Zuiver Zijn aspect en Devi Bhava is de manifestatie van het Eeuwige Vrouwelijke, de Scheppende Kracht, het actieve principe van het Onpersoonlijke Absolute. Waarom draagt een advocaat een zwarte toga of een politieman een uniform en een pet? Dit zijn alleen uiterlijke hulpmiddelen die bedoeld zijn om een bepaald gevoel of bepaalde indruk te geven. Op dezelfde manier kleedt Amma zich als Devi om de toewijding van de mensen die voor darshan komen te versterken. Het is Amma's intentie om de mensen te helpen de Waarheid te bereiken. Het *Atman* of Zelf dat in Mij is, is ook in jou. Als je het Ondeelbare Principe dat altijd in je schijnt kunt realiseren, zul je Dat worden."

Deze Bhava darshanprogramma's begonnen meestal aan het eind van de middag met bhajans waarop Krishna Bhava volgde. Amma nam dan de stemming van Heer Krishna aan, verkleedde zich als Krishna en ontving dan alle toegewijden individueel waarbij Ze hun de zegen en *prasad* van Krishna gaf tot ongeveer middernacht. Vervolgens omhelsde Amma als Devi alle toegewijden opnieuw. Dit deel van het programma ging ongeveer tot het ochtendgloren door.

Na misschien een uur of twee rust, en soms helemaal geen rust, vertrokken we naar verschillende plaatsen in Kerala om bhajans te zingen en *puja's* te doen bij mensen thuis. We bleven daar vaak 's nachts en keerden de volgende dag terug naar de ashram, net op tijd voor het begin van de volgende Bhava darshan.

Toen ik een korte tijd in de ashram woonde, vroeg Amma me de taak om tijdens de Bhava darshans voor Haar te zorgen over te nemen. Dit was een grote eer en vreugde voor me, maar ook erg moeilijk omdat ik geen *Malayalam* verstond. Ik moest veelvuldig raden waar Amma om vroeg. Amma grapte vaak dat ik Haar iets totaal anders gaf dan waarom Ze gevraagd had.

In die tijd gebruikte Amma nooit iets voor zichzelf tijdens de Bhava's. Ze gaf alleen maar aan anderen. Ze tilde zelfs Haar hand niet op om Haar gezicht af te vegen of om iets te drinken. Op die manier toonde Ze ons de volstrekt onbaatzuchtige aard van de Goddelijke Moeder. Tot op de dag van vandaag zal Amma nooit al het eten of drinken dat Haar wordt aangeboden, tot zich nemen. Ze zal altijd iets overlaten, alsof Ze wil laten zien dat wij ook nooit alles voor onszelf moeten nemen, maar altijd iets terug moeten geven aan de rest van de schepping.

Tijdens Krishna Bhava had een plaatselijke toegewijde de gewoonte om Amma een potje melk te brengen omdat Krishna dol was op zuivelproducten. Amma dronk het niet Zelf, maar liet de toegewijde een beetje in Haar mond gieten. Op het einde gaf Ze de toegewijden die in de *kalari* waren, wat van de melk als prasad, waarbij Ze het één voor één in hun mond goot.

Op een keer had ik Amma halverwege de avond een glas sap aangeboden. Terwijl ik het voor Haar klaar hield om op te drinken, stootte ik per ongeluk de rand van het glas tegen Haar tanden. Ik voelde me hier afschuwelijk over, omdat ik wist dat het aan mijn onzorgvuldigheid te wijten was. Uren later, aan het einde van de darshan, bood de toegewijde Amma in Krishna Bhava wat melk aan. Vervolgens bood Amma de melk aan iedereen aan. Toen Ze bij mij kwam, stootte Ze de beker met een brutale glimlach tegen mijn tanden in plaats van de melk in mijn mond te gieten. Het was een grote verrassing voor me, maar herinnerde me aan mijn eerdere onzorgvuldigheid en maakte me duidelijk dat ik geconcentreerd en voorzichtig moest zijn bij iedere handeling die ik rondom Amma verrichtte. Voor een spirituele zoeker zijn volledige *shraddha* en concentratie absoluut essentieel. Amma herinnerde mij op Haar onnavolgbare wijze aan dit belangrijke principe.

Tijdens de Devi Bhava darshan was het mijn taak Amma's gezicht af te vegen. Hoewel Haar lichaam nooit zweette, deed Haar gezicht dat soms wel omdat de kalari geen ramen had en altijd erg heet en vol was. De hitte was soms zo intens dat we water tegen de muren moesten gooien om te proberen de temperatuur omlaag te krijgen.

Amma vond het prettig dat Haar gezicht werd afgeveegd telkens als er een paar mensen een omhelzing hadden ontvangen, en ik moest het juiste moment uitzoeken. Vaak zag ik ertegenop om een handdoek in het gezicht van de Goddelijke Moeder te stoppen, maar het was mijn taak.

In die tijd verscheen Amma 's nachts vaak in mijn dromen in de vorm van Devi, waarbij Ze me boos aankeek alsof Ze wilde zeggen: "Moet je Mijn gezicht niet afvegen?" Deze dromen waren zo echt dat ik helemaal geloofde dat Amma bij me in de kamer was. Nog slapend sprong ik soms van mijn matje op en begon de doek om Haar gezicht af te vegen te zoeken en voelde me erg schuldig omdat ik had liggen slapen. Als ik uiteindelijk wakker werd en besefte dat het maar een droom was, verontschuldigde ik me bij Amma dat ik had geslapen en ging ten slotte weer liggen, want wat kon ik anders doen?

Soms deelde een ander meisje de kamer met me en vroeg me wat ik deed als ik midden in de nacht opstond. Deze dromen kwamen tenminste één keer per week, soms zelfs verscheidene

keren per week, en gingen een paar jaar door totdat ze uiteindelijk
ophielden. Ik voelde dat Amma me keer op keer eraan probeerde
te herinneren dat ik te veel sliep.

Op een avond bood Amma me aan dat ik bij Haar in Haar
kamer kon slapen. Soms liet Ze ons, de paar meisjes die in de
ashram woonden, in de kamer verblijven als een bijzondere
gelegenheid om dicht bij Haar te zijn. Deze avond was het erg
bijzonder omdat het Krishna's verjaardag was. Mahatma's slapen
nooit echt, omdat ze altijd volledig bewust zijn. Niettemin ging
Amma bij deze gelegenheid uiteindelijk op het balkon van Haar
kamer liggen om te rusten en ik ging vlak bij Haar voeten liggen
om te slapen.

Spoedig nadat ik ingedommeld was, had ik een verbazingwekkende droom waarin ik een boek had ontdekt waarin
alle geheimen van het universum stonden. Na een tijdje riep
ik luidkeels om Devi met mijn handen in een gebedshouding
samengevouwen boven mijn hoofd. Mijn geroep om Devi had
Amma wakker gemaakt. Ze boog zich voorover en legde Haar
hand boven op mijn hoofd en zei: "*Mol* (dochter), *mol*" om te
proberen me tot rust te brengen. Ik voelde me in verlegenheid
gebracht dat ik Amma's rust had verstoord, maar Ze zei niets
meer. We gingen beiden weer liggen en weer kreeg ik een diepe
droom over de Godin van het Universum.

Toen ik de volgende morgen wakker werd, vertrok ik stilletjes omdat ik Amma niet meer wilde storen dan ik al gedaan
had. Toen Amma later op de dag uit Haar kamer kwam, ging ik
naar Haar toe en vroeg: "Amma, is er vannacht iets gebeurd?"
Ze zei: "Ik heb steeds gedacht dat je een toegewijde van Krishna
was, maar nu was je om Devi aan het roepen!" Ik vroeg Amma
wat er echt was gebeurd. Was het een droom geweest of was het
een spirituele ervaring? Amma antwoordde: "Het was gedeeltelijk een droom en gedeeltelijk een ervaring. Het is het begin van

echte toewijding. Alleen al de adem van een Mahatma is genoeg om mensen spirituele ervaringen te laten krijgen." Dus het had eigenlijk niets met mij te maken, want het was Amma's adem die me deze ervaring had gegeven.

De begintijd met Amma was ongelofelijk gelukzalig. Ze bracht vaak een groot deel van Haar dagen en nachten verzonken in samadhi door. Als we naar Haar keken, stroomden vrede en gelukzaligheid over ons uit. Als Ze niet in Gods liefde verloren was, bracht Ze Haar tijd door met liefde te geven aan degenen die het geluk hadden bij Haar te zijn. Ze kon deze liefde niet verbergen of voor zichzelf houden, omdat deze liefde in iedere cel van Haar vibreerde en uit iedere porie van Haar lichaam stroomde.

O, Heer van Mededogen,
hoe hebt U deze naam gekregen
terwijl U onophoudelijk
mijn hunkerende hart tergt?
Ik merk niets van Uw mededogen.
Ik wacht met deze brandende liefde
verlangend naar Uw genade.

Hoeveel rivieren van tranen moet ik wenen?
Hoeveel vuren moet mijn gekwelde hart branden?
Is dit de wijze waarop U de arme gopi's
en Radha tergde die U zo lang geleden liefhadden?
Schaamt U zich niet?

Heb medelijden met ons, arme zielen,
bevrijd ons van de wereld van verdriet.

Hoofdstuk 4

Het mededogen van de Guru

"Iedere druppel van Amma's bloed,
ieder deeltje van Haar energie,
is voor Haar kinderen.
Het doel van dit lichaam en
van Amma's hele leven
is om Haar kinderen te dienen."

Amma

De liefde die een Guru voor een leerling heeft, is echt de hoogste vorm van liefde in deze wereld. Geen andere liefde kan vergeleken worden met deze vorm van onbaatzuchtige, goddelijke liefde.

De moeder die ons ter wereld heeft gebracht, zal slechts een paar jaar voor ons zorgen en tegenwoordig doen veel moeders zelfs dat niet. Maar de liefde die Amma voor ons heeft, is heel anders. Die is ongelofelijk diepgaand en allesomvattend. Ze is bereid om voor ons elke opoffering te ondergaan.

Amma is een volledig gerealiseerde Meester die zelf geen karma heeft en helemaal geen verplichting heeft om naar de aarde terug te keren. Als Ze dat zou wensen, zou Ze na het verlaten van Haar lichaam voorgoed verzonken kunnen blijven in de staat van Opperste gelukzaligheid en vrede en nooit terug hoeven te keren naar deze wereld van lijden en onwetendheid. Maar voor ons, zegt Ze, zal Ze terugkeren om ons te bevrijden. Ze zegt dat Ze bereid is om leven na leven terug te komen om ons naar het doel van Godsrealisatie te leiden. Nergens in het universum kan er een grotere liefde zijn. We zouden ons heel erg gezegend moeten voelen dat Amma dit soort liefde voor ons heeft, en zeer fortuinlijk dat we bij Haar zijn gekomen en die liefde ervaren.

Er was eens een leerling die in de ashram van zijn Guru woonde. Zijn geest was nog gericht op wereldse verlangens en daarom zond de Guru hem weg om te trouwen en de verlangens van zijn geest te bevredigen. Hij zei hem dat hij na tien jaar terug moest komen. Toen er tien jaar voorbij waren, had de leerling meerdere kinderen en was rijk geworden. Zijn Guru bezocht hem en herinnerde hem eraan dat het nu tijd was om naar het spirituele leven terug te keren, maar de man zei dat zijn kinderen nog jong waren en hem nodig hadden. Hij wilde nog een paar jaar om hen op te voeden en dan zou hij naar de ashram terugkeren.

Er ging weer tien jaar voorbij en de Guru ging weer bij hem op bezoek. Dit keer zei de leerling dat zijn kinderen, hoewel zijn vrouw was gestorven en ze volwassen waren, nog steeds niet wisten hoe ze op de juiste manier met hun verantwoordelijkheden om moesten gaan en zijn rijkdom konden verkwisten. Daarom had hij nog een paar jaar nodig totdat ze volledig volwassen waren.

Er gingen weer zeven jaar voorbij. Toen de Guru deze keer naar het huis van de leerling terugkeerde, werd de poort bewaakt door een grote hond. De Guru herkende hem; het was de leerling. Hij was een paar jaar geleden gestorven en was als waakhond herboren vanwege zijn gehechtheid aan zijn bezittingen en kinderen. De Guru knielde en riep de hond bij zich. De hond zei: "Meester, over een paar jaar zal ik naar U terugkeren. Mijn kinderen zijn nu op het hoogtepunt van hun goede fortuin en hebben een paar jaloerse vijanden tegen wie ik ze moet beschermen voordat ik kan vertrekken."

Tien jaar later kwam de Guru weer terug. De hond was gestorven en de Guru zag dat de leerling door zijn gehechtheden nu als een giftige slang was geboren, die onder de kluis in het huis woonde. De Guru besloot dat het tijd was om de leerling uit zijn begoocheling te halen. Hij zei tegen de kleinzoon van de leerling dat er een giftige slang in het huis was en droeg hem op om hem niet te doden, maar hem alleen een goed pak slaag te geven en hem dan bij hem te brengen. Deze instructies werden uitgevoerd.

De Guru tilde de gewonde slang op, streelde hem teder en wikkelde hem toen zachtjes om zijn nek. Toen hij naar zijn ashram terugliep, zei hij liefdevol tegen de slang: "Geliefde leerling, niemand heeft zijn verlangens ooit kunnen bevredigen door eraan toe te geven. De geest kan nooit bevredigd worden. Onderscheidingsvermogen is je enige toevlucht. Word wakker! Uiteindelijk zul je in je volgende leven het Hoogste kunnen bereiken." Op dat moment herinnerde de slang zich zijn vorige identiteit en was verbaasd. "*Gurudev*, wat bent u genadig! Hoewel ik erg ondankbaar was, hebt u me gevolgd en al die tijd voor me gezorgd. O, Gurudev, ik geef me over aan uw lotusvoeten!"

Zoals de Guru in het verhaal is Amma bereid om levens op ons te wachten, op zoek naar ons in al onze toekomstige incarnaties om ons naar bevrijding te leiden. Dat is zuivere liefde, liefde die nooit minder wordt, liefde die alles verdraagt en bereid is voor altijd op ons te wachten. Amma belichaamt die liefde.

Alleen Amma weet wat Goddelijke liefde echt is. We zullen de liefde die Zij voor ons heeft, nooit echt kunnen begrijpen. Het gaat ons begrip te boven, voorbij alles wat we ons voor kunnen stellen. We hebben niet eens de diepgang om er zelfs maar een klein beetje van te ervaren, maar zelfs een klein beetje ervan bewijst dat Amma's liefde de zuiverste is die er ooit kan zijn.

Aan het eind van een Devi Bhava darshan in India had de familie van een meisje dat in de ashram woont, de mogelijkheid om de *pada puja* te doen. Amma wist dat dit gezin heel arm was en vroeg zich af hoe zij zich de lange treinreis naar de ashram hadden kunnen veroorloven. Nadat Haar voeten liefdevol gewassen waren met yoghurt, ghi, honing en rozenwater, zag Amma tot Haar verbazing dat de vader een paar prachtige gouden enkelsieraden tevoorschijn haalde en deze eerbiedig om Haar enkels deed. Ze vroeg hem waar hij het geld vandaan had om ze te kopen, maar hij antwoordde niet. Een van zijn vrienden vertrouwde Amma later toe dat hij zowel voor de reis als voor de enkelsieraden het geld van een geldschieter had geleend tegen een erg hoge rente, alleen maar om het verlangen van zijn gezin om Amma's voeten te vereren te bevredigen.

Amma vertelde ons later dat Ze voelde dat dit gezin echt totale overgave had toen ze de puja deden. Ze deden de puja met zoveel toewijding en oprechtheid dat er tranen in Haar ogen kwamen, en Ze voelde zich steeds kleiner worden totdat Ze zich letterlijk hun hart voelde binnengaan. Ze zei dat dit kwam doordat hun houding totaal zuiver was. Amma zegt dat de werkelijke betekenis van het verrichten van de pada puja is gelegen in het aanbidden van de Hoogste Waarheid belichaamd in de vorm van de Guru. Door de voeten van de Guru te aanbidden tonen we nederigheid en volmaakte overgave van onszelf.

Deze mensen waren uiterst gelukkig dat ze de gelegenheid hadden om Amma's voeten te aanbidden, hoewel ze zich ervoor in de schulden hadden moeten steken. Amma voelde zoveel mededogen voor hen dat Ze naderhand iemand vroeg om een manier te vinden om hen financieel te helpen zonder dat ze erachter kwamen. Hoewel mensen Haar diamanten en allerlei kostbare geschenken hebben aangeboden, is het grootste en kostbaarste geschenk voor Amma een zuiver en onbaatzuchtig hart.

Tijdens een retraite in Australië kwam er een meisje naar me toe bij wie de tranen over haar wangen stroomden. Ze zei:

"*Swamini*, ik moet u vertellen wat er net is gebeurd. Amma is zo ongelofelijk fantastisch, maar hoeveel onder ons beseffen dat?" Ze legde uit dat ze geïnspireerd was om tijdens het ochtendprogramma naar Amma te gaan om te vragen: "Alstublieft Amma, wat kan ik doen om Uw kinderen te dienen?" Amma was heel blij met deze vraag, gaf het meisje een appel en wat gewijde as en zei haar dit aan een zieke vrouw te geven die naar de retraite was gekomen maar te ziek was om de programma's bij te wonen. Amma vroeg het meisje ook om de vrouw te zeggen: "Vergeet niet dat Amma altijd bij je is."

Het meisje ging naar de kamer van de vrouw en vertelde haar wat Amma had gezegd. Ze deed toen wat gewijde as op het voorhoofd van de vrouw en sneed de appel voor haar in stukjes. Ze probeerde het haar zo veel mogelijk naar de zin te maken. De vrouw bleef de hele tijd heel stil. Uiteindelijk zei ze tegen het meisje dat ze graag een poosje alleen wilde zijn. Net toen het meisje de kamer uit wilde gaan, riep de vrouw haar terug. Met tranen in haar ogen zei ze: "Weet je, ik ben al een hele tijd ziek en ik was het zo zat om zo te moeten leven, dat ik deze morgen op het punt stond om zelfmoord te plegen. Op dat moment kwam jij binnen met deze prasad van Amma. Nu weet ik dat Ze van me houdt en aan me denkt, en voel ik me in staat om te proberen mijn leven weer op te pakken. Ik wil je hiervoor bedanken."

Mensen hebben talloze manieren gezocht om te ontsnappen aan de pijn van het leven in de wereld, maar toch blijken de meeste van deze wegen dood te lopen. Omdat de mensen niet weten welke kant ze op moeten gaan, eindigen ze vaak in wanhoop. Maar zij die het geluk hebben gehad Amma te ontdekken, hebben een echte toevlucht gevonden, een altijd aanwezige bescherming en het goddelijke mededogen van een levende Mahatma. Talloze mensen die jaren in een doolhof van illusies hebben rondgezworven, niet wetend tot wie ze zich met hun verdriet moesten wenden, hebben in Amma een open deur naar de vrijheid gevonden. Nadat ze hun hele leven de last van het lijden hebben gedragen, is die last eindelijk van hun schouders genomen. Amma heeft hun rust gegeven.

De grote Meesters die Godsrealisatie hebben bereikt, zien de essentie van schoonheid en goddelijkheid in alles en herkennen iedereen als een belichaming van het Goddelijke. Zij hebben dezelfde kijk op de wereld als een onschuldig kind. Ze zien moeiteloos overal hun eigen Zelf.

Als Amma in India openbare darshanprogramma's geeft, zijn er altijd duizenden mensen. Soms zijn er meer dan 90.000 mensen bij één programma. Toch ziet Amma het Goddelijke in ieder individu dat bij Haar komt. Ze geeft onvermoeibaar Haar goddelijke liefde aan iedereen, waarbij Ze evenveel liefde en aandacht aan iedere persoon geeft, zelfs na tweeëntwintig uur onafgebroken darshan. Zelfs als Haar lichaam pijn doet, wat vaak het geval is, zal Ze altijd alleen aan de noden en het welzijn van de mensen denken en nooit aan zichzelf.

Bij het programma in Mangalore in 2004 begon Amma met het programma en de darshan om halfzeven 's avonds. Om vier uur de volgende middag ging Amma nog steeds onverminderd door. Ze gaf niet alleen darshan, Ze beantwoordde vragen, adviseerde mensen en vroeg of degenen die in de rij voor darshan wachtten, hadden gegeten of rust hadden genomen. Hoe groot is het mededogen dat onophoudelijk van Haar uit gaat om de mensheid te troosten en op te beuren.

Toen we in datzelfde jaar in Jaipur waren, beloofde Amma dat Ze naar het huis van de gouverneur zou gaan om hem te helpen bij het uitdelen van geld aan de armen. Elke maandag ontving hij een paar uur lang 800 tot 1000 arme mensen en gaf aan iedereen duizend roepies. In de achtertuin van het huis van de gouverneur zagen we de mensen allemaal in rijen buiten staan, geduldig wachtend.

43

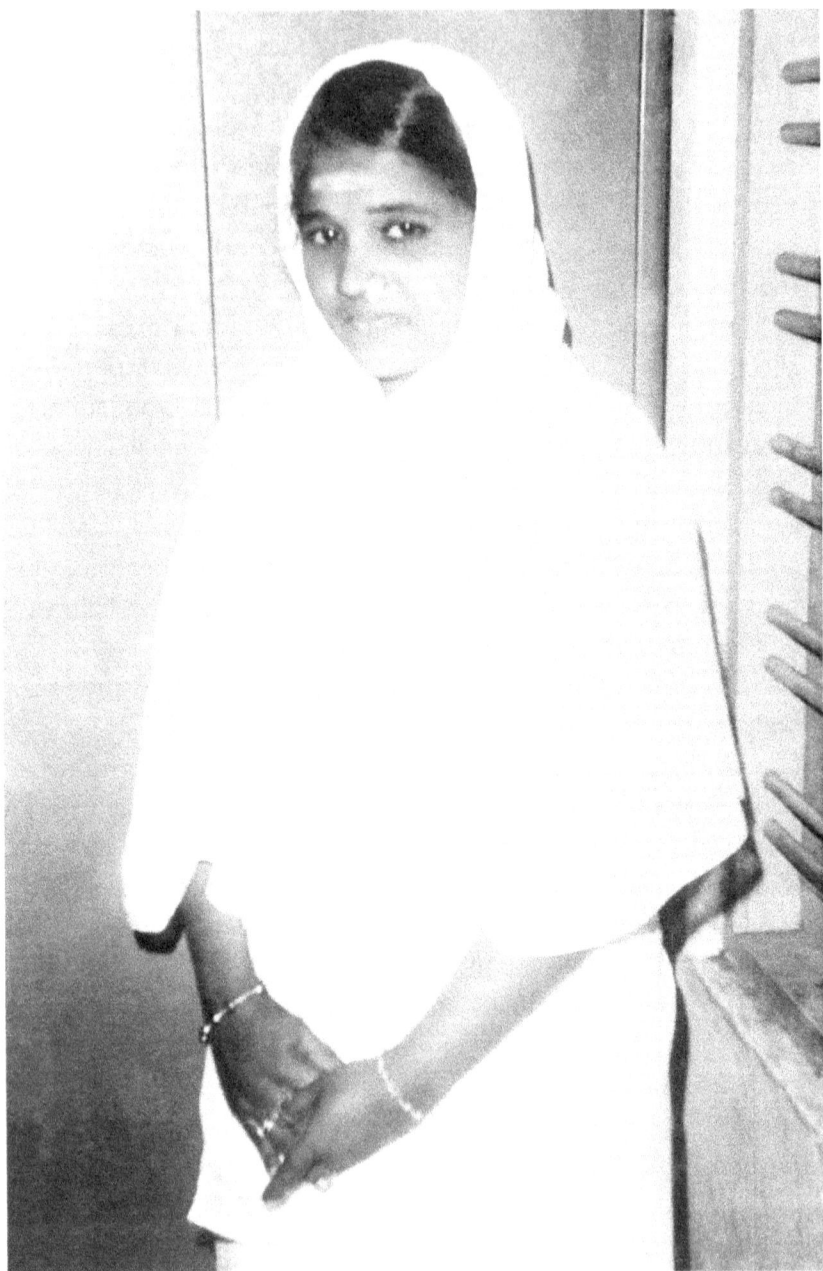

De gouverneur was alleraardigst, een oudere man gekleed in een safaripak en met gymschoenen aan zodat hij zich gemakkelijk kon bewegen om de mensen te kunnen dienen. Hij bleef steeds maar herhalen: "Amma, U hebt mij het voorbeeld gegeven, U hebt mij het voorbeeld gegeven." Het was erg ontroerend om zo'n meedogende man te zien. Amma vroeg hem Haar alle adressen van de armen te geven en zei dat Ze hen op de een of andere manier zou proberen te helpen. Hij antwoordde: "Maar Amma, er zijn honderdduizenden van zulke mensen." Toch hield Amma vol dat Ze voor hen zou proberen te doen wat Ze kon. Het was erg schokkend zoveel arme, zieke en mismaakte mensen bij elkaar te zien. Amma zei dat Ze verlamd raakte als Ze hen zo zag. Ze kan zonder probleem een lijk zien, maar zoveel levende mensen te zien lijden was te veel.

Eén jonge vrouw zat volledig in het gips. Haar man en zijn familie hadden haar in een put gegooid, omdat ze een te kleine bruidsschat aan de familie van haar man had gegeven. Andere mensen misten ledematen. Ik kon mijn tranen niet beheersen toen we bij twee kleine kindjes kwamen die ernstig verbrand waren. Eén van hen was drie jaar oud. Hij had maar één oor en twee ovalen rauw vlees op de plaats waar zijn ogen hadden moeten te zitten. Het was een hartverscheurend gezicht, iets wat voor altijd in mijn geheugen gegrift zal blijven. Ze zeiden dat het gezin de huur niet kon betalen en hun hut daarom in brand gestoken was. Amma hield het kind vast en vroeg zijn naam. Hij antwoordde Haar lief "Akash" en lachte terwijl Amma zijn verminkte lijfje zachtjes omhelsde. We waren allemaal verbaasd dat hij nog kon lachen. Hij speelde met de *rudraksha mala* die Amma om Haar hals had. Het deed zoveel pijn om hem zo te zien – we moesten allemaal tegen onze tranen vechten.

In de auto hadden we het erover hoe tragisch het was om de verbrande kinderen te zien. Amma zei plotseling dat Ze dacht dat het de kinderen misschien met opzet was aangedaan om sympathie en geld te krijgen. We werden misselijk toen we bedachten waar iemand door armoe toe gedreven kon worden. Amma heeft vaak in Haar toespraken verklaard dat armoede onze grootste vijand is. Nadat ik dit had gezien, kon ik Amma's uitspraak echt begrijpen.

In februari 2002 reisden we naar Gujarat, waar een aardbeving het hele gebied een jaar eerder had verwoest. Amma woonde de openingsceremonie bij voor de drie dorpen die de ashram voor de slachtoffers van de aardbeving had gebouwd. Er waren veel journalisten en nationale televisiestations geïnteresseerd in een interview met Amma.

Niemand had deze drie dorpen willen helpen, wat de reden was dat de ashram de wederopbouw op zich had genomen. Wij waren de eerste organisatie die de gebouwen, 1200 huizen, helemaal had voltooid. De huizen waren op de best mogelijke wijze tegen aardbevingen beschermd door extra aanpassingen aan de constructie. Er waren andere organisaties geweest die een beetje gebouwd hadden, maar de meeste van hen waren vertrokken toen de kosten te hoog of het werk te moeilijk werd. Amma's kinderen bleven echter en worstelden zich door de enorme obstakels heen die ze tegenkwamen. Hun liefde en toewijding gaven hun de kracht om de vaak terugkerende aanvallen van malaria, hoge koorts en zwakte te overleven. Ze worstelden met het werk door in de regen, de verzengende hitte en zoveel andere moeilijke situaties, die we ons niet eens voor kunnen stellen.

Amma's liefde en mededogen voor de lijdende mensheid gaven hun de inspiratie en kracht om de mooiste dorpen te bouwen die ooit in Gujarat zijn gebouwd. Deze dorpen worden nu gebruikt als voorbeeld van het uitstekende werk dat door toegewijde individuen verricht kan worden. Zij worden gebruikt als modelwoningen door regeringsambtenaren om te laten zien hoe een project moet worden aangepakt en efficiënt kan worden voltooid.

Een verslaggever van een groot televisiestation die Amma geïnterviewd had, vertelde ons buiten het zicht van de camera vele treurige en ontstellende feiten over de corruptie en het bedrog dat in het gebied na de aardbeving plaats had gevonden. Heel weinig mensen hadden geld van de regering gekregen om hen te compenseren voor de verliezen die ze hadden geleden. Een vrouw had 2800 roepies gekregen, maar een ingenieur had 2000 roepies van haar afgepakt voor het werk dat aan het huis gedaan moest worden, en zelfs toen was ze er niet zeker van dat er ooit iets voor haar zou gebeuren. Het was triest om de benarde situatie van zoveel mensen te horen.

De verslaggever was onder de indruk van wat Amma's arbeiders hadden gedaan en van hun onvermoeibare toewijding. Hij wilde ons al het materiaal geven dat hij bij zijn onderzoek had ontdekt, zodat iemand de corruptie echt aan de kaak kon stellen en de mensen kon helpen. Met tegenzin stemde Amma ermee in om het materiaal aan te nemen, maar ik wist dat Ze het niet zou gebruiken. Het is niet Haar manier om op de fouten van anderen te wijzen, maar om zelf een goed voorbeeld te geven.

Die avond werd het programma gehouden in een van de pas gebouwde dorpen van 700 huizen. Toen Amma aankwam om met het programma te beginnen, kwam de plaatselijke bevolking met duizenden tevoorschijn om Haar te verwelkomen. Ze hadden een eenvoudige, door paarden getrokken kar versierd en wilde Haar daarin als hun eregast rondrijden. Hoewel Amma gewoonlijk met iets dergelijks niet instemt, glimlachte Ze en voldeed nederig aan hun verzoek wegens hun onschuldige en liefdevolle gebaar. Ze klom op hun wagen en werd bij wijze van eerbetoon door de dorpelingen rondgereden, begeleid door de kreten van duizenden stemmen die *"Om Namah Shivaya"* en *"Om Amriteshwaryai*

Namah" riepen. Amma hield haar handpalmen samengevouwen als begroeting voor hen allen, toen Ze naar de plaats van het programma werd geleid.

Een toeschouwer zei me hoe ontroerd hij was toen hij de geluiden van tromgeroffel en de vreugdevolle kreten van de dorpelingen hoorde. Toen Amma's wagen in het zicht kwam, geholpen door duizenden handen die hielpen met duwen, was het voor hem alsof Sri Krishna in volle glorie was verschenen op het slagveld van *Kurukshetra* – zo majestueus was dit beeld van Amma.

Er waren talloze lovende toespraken door topambtenaren van de regering die speciaal waren overgevlogen om de gebeurtenis bij te wonen. Maar wat indrukwekkender was dan de felicitatieboodschap van de premier van India, was het beeld van trots en dankbaarheid dat weerspiegeld werd in de dankbare gezichten van de dorpelingen die een nieuw huis hadden gekregen. Zij hadden niet alleen een nieuw huis gekregen, maar ook de kans op een nieuw leven voor zichzelf en hun gezin. Met liefde voor Amma in hun ogen kwamen ze naar Haar toe, waarbij ze hun jonge baby's aanboden voor Haar zegen. Ze waren zo gelukkig dat ze hun kinderen nu de mogelijkheid van een gelukkig leven en een nieuw begin konden bieden.

We hebben niet altijd de kans om een nieuw huis en een nieuwe toekomst voor anderen op te bouwen, zoals sommige mensen in Amma's organisaties. Maar we hebben allemaal de gelegenheid om ons hart en onze geest open te stellen voor Amma's liefde en om inspiratie te vinden om iets goeds voor de wereld te doen.

꧁

Zoetheid stroomt uit U
als een eeuwig stromende rivier.
Uw gelukzalige genade
droogt nooit op.
Mijn hart stroomt over van geluk
bij iedere blik
op Uw prachtige vorm.
En elke keer opnieuw
vult U mijn dorstige beker.
Altijd van Uw nectar te drinken
is mijn enige verlangen.
U laat me sprakeloos zijn
en al het andere vervaagt.
Wat heb ik gedaan
om Uw grenzeloze genade te ontvangen?
Ik weet niets,
behalve dat ik U heb liefgehad.

꧁

Hoofdstuk 5

Amma's leven is Haar onderricht

"Moeder handhaaft geen onderscheid.
Ze kent iedereen als het Zelf.
Moeder is gekomen voor het welzijn van de wereld,
Haar leven is voor het welzijn van de wereld."

Amma

In alles wat Amma doet, kunnen we een hoogste les vinden, die de zuivere liefde en mededogen die Ze aan iedereen geeft, onthult. Haar leven is Haar boodschap. Het is een geschrift, een ongelofelijk voorbeeld van geloof, toewijding en mededogen voor iedereen. Als je het in zijn geheel beschouwt, is het leven van Amma zeker een van de grootste openbaringen van de Goddelijke Waarheid die ooit aan de mensheid is gegeven.

Hoewel Amma in veel talen een paar woorden kent, spreekt Ze geen enkele taal vloeiend behalve Malayalam. Mensen komen vanuit de hele wereld om Amma te bezoeken en tijd bij Haar door te brengen. Sommigen spreken geen woord Engels, laat staan Malayalam, en toch wordt hun hart ogenblikkelijk geraakt door Amma's aanwezigheid. Je hoeft geen woord te begrijpen van wat Amma zegt, want Haar omhelzing zegt alles. De taal die Ze het vloeiendst spreekt, is de taal van het hart.

Eén blik van Amma is genoeg om diep in het hart van de mensen door te dringen en hun leven totaal te veranderen. Slechts één oogopslag van Amma is genoeg. In een menigte van 20.000 mensen kan Amma een *sankalpa* doen dat iedereen zich door Haar geliefd voelt. Als ze rondkijkt, zal iedereen afzonderlijk voelen: "Amma keek naar me en Ze houdt van me." Dat komt doordat Ze ons allemaal echt liefheeft met de zuivere liefde die voortkomt uit onthechting. Zuivere liefde is de essentie van Amma's hele bestaan. De liefde van een moeder zal haar dwingen om alles voor haar kinderen te doen. Tijdens onze laatste Amerikaanse tournee kwam er een jong meisje naar me toe en zei: "Mag ik U iets vragen? Hoe dik is Amma's taille?"

"O jee, wat een moeilijke vraag", dacht ik bij mezelf, "Hoe moet ik daar op antwoorden?" Toen legde ze uit: "Nee, nee, ik bedoel Haar *pols,* want ik wil een armband voor Haar kopen."

Opgelucht dat de vraag eenvoudiger was geworden, zei ik tegen haar: "Als je er eentje met elastiek koopt, dan zal hij om Haar hand passen." Dus ging ze er blij naar op zoek. Ze zocht en zocht en vond ten slotte een roze plastic armband die niemand anders wilde hebben. Een half uur eerder had ik hem in de 50-cent-afdeling gelegd, in de hoop dat iemand hem snel zou kopen zodat ik ervan verlost zou zijn, omdat het niet bepaald een stijlvol sieraad was.

Het meisje kwam een paar minuten later terug met een bos bloemen en met de roze plastic armband als een elastiekje om de onderkant van de bloemen gedraaid. Ze zei dat ze die allebei aan Amma ging geven. Ik werd een beetje geschokt bij de gedachte aan de toestand van de armband tegen de tijd dat deze Amma zou bereiken, dus suggereerde ik haar om de armband apart van de bloemen te houden. Ze accepteerde mijn raad blijmoedig en rende weg. In stilte dacht ik bij mezelf hoe schattig het kleine meisje was, maar hoe afschuwelijk de plastic armband was.

Toen we aan het eind van het programma met de auto vertrokken, merkte ik op dat Amma de roze plastic armband droeg. Het zag er zelfs heel aantrekkelijk uit op Amma's donkere huid.

Dagen achtereen droeg Amma deze armband. Veel mensen kwamen bij me en zeiden: "Ik wil die roze armband kopen, het kan me niet schelen wat die kost." Eerst wilde niemand deze armband, maar plotseling werd hij van 50 cent totaal onbetaalbaar. De onschuldige liefde van dit jonge meisje had de armband onschatbaar gemaakt. Amma had de gift van het hart van een klein meisje vriendelijk aanvaard.

In een bepaald jaar leidde Amma de Atma Puja voor een grote menigte in Europa. Op deze speciale avond nodigde Amma de jonge kinderen uit om tijdens de puja bij Haar op het podium te zitten. Soms doet Amma dit om de kinderen geïnteresseerd te houden en ook om ze rustig en welgemanierd te houden, zodat alle anderen kunnen profiteren van het doen van de puja zonder het lawaai van onrustige kinderen die hun concentratie verstoren. Tijdens de puja gaf Amma ieder kind een snoepje. Amma vouwde de papiertjes van de snoepjes nauwkeurig tot papieren bootjes en gaf er een aan ieder kind. Tegen het einde van de puja begon een klein kind zachtjes te huilen omdat haar bootje kapot was gegaan. Toen de puja was afgelopen, verliet Amma het podium en ging de geïmproviseerde tempel in om zich voor te bereiden op Devi Bhava. Het eerste wat Ze zei was: "Ik moet een nieuw bootje voor dat kind maken." Ze zei dat dit kind tijdens het programma zo geconcentreerd en vol toewijding was geweest en dat men zelden een kind met zo'n sterke concentratie ziet. Liefde maakt van Amma de dienares van de toegewijden. Alles stond dus stil toen Ze zorgvuldig een paar minuten nam om een nieuw papieren bootje voor dit jonge meisje te vouwen.

Achter iedere handeling die Amma verricht, zien we de basis van liefde. Haar onbeperkte liefde kent geen grenzen en strekt zich uit over de hele mensheid. Het is moeilijk voor ons om het begrip zuivere liefde zelfs maar een beetje te begrijpen, omdat onze liefde altijd gepaard gaat met gehechtheden. Onze liefde is verweven met voorkeuren, eisen en onderhandelingen. We kunnen van sommige mensen houden, maar niet van anderen. Alleen Amma kan van iedereen evenveel en onvoorwaardelijk houden. We zijn iedere dag van deze eigenschap van Amma getuige. Ik kan me uit de begintijd herinneren hoe Dattan de melaatse voor darshan naar de ashram kwam. In de tijd dat hij Amma ontmoette, was het hem zelfs niet toegestaan om met de bus te reizen vanwege de stank die uit zijn open wonden kwam. Uit mededogen bracht Amma teder met Haar tong speeksel op zijn open wonden aan. Men zegt dat het speeksel van een Mahatma een krachtig geneesmiddel is. Terwijl andere mensen van hem walgden, kon Amma slechts liefde en bezorgdheid voor hem tonen. Het was ongelofelijk om Haar gelaatsuitdrukking te zien, de uitdrukking van moederliefde, alsof het Haar meest geliefde kind was.

Sommigen denken misschien dat ze weten hoe ze lief moeten hebben. Ze zeggen misschien 'Ik hou van je' tegen elkaar, misschien zelfs meerdere keren per dag. Maar als dit echte liefde zou zijn, waarom moet het dan uitgesproken worden? Als het hart vol is, valt er niets te zeggen, want echte liefde gaat voorbij woorden. Die wordt kenbaar gemaakt in alle handelingen en stroomt uit om iedereen in de buurt te omvatten. Daarom worden zoveel mensen tot Amma aangetrokken, want Ze is de essentie van echte Goddelijke Liefde. We kunnen ergens anders naar liefde zoeken, maar niets in het leven laat ons de zuivere liefde ervaren die we in Amma's aanwezigheid voelen. Alleen die zuivere liefde kan het hart van de mensen genezen en hun verdriet weghalen.

Tijdens een recente publieke darshan kwamen veel gezinnen met een zwaar hart naar Amma omdat ze gebukt gingen onder het verdriet over het verlies van hun kinderen. Deze waren bij een brand in een kleuterschool in Kumbhakonam in Tamil Nadu in juni 2004 om het leven gekomen. Vierennegentig kinderen hadden de dood gevonden en de paar die het hadden overleefd, waren ernstig verbrand. De van smart vervulde ouders kwamen bij Amma, waarbij ze foto's van hun kinderen die zo tragisch in de brand waren omgekomen, krampachtig vasthielden. Sommige ouders hadden zelfs twee kinderen bij de brand verloren.

Eén moeder werd ontroostbaar in Amma's armen. Ze had haar zoon verloren. "Amma! Geef me het geluk om mijn kind terug te zien!" huilde ze. "Amma, ik heb hem ter wereld gebracht, ik heb hem opgevoed en alle pijn doorstaan en nu is hij weg. Schenk me het geluk om mijn kind weer te zien!" Amma hield haar bijna tien minuten vast en bood de vrouw zo de gelegenheid om in Haar armen helemaal uit te huilen. De hele tijd veegde Amma zowel de tranen van de vrouw als van zichzelf af.

Men had ontdekt dat de kinderen allemaal bij elkaar waren gekropen toen ze stierven. In de laatste ogenblikken van hun leven hadden ze elkaar vastgehouden. Amma houdt iedereen spontaan stevig vast, omdat Ze de noden van mensen die bang zijn en groot verdriet hebben, kent. Liefde stroomt op een natuurlijke wijze uit Haar.

Het belangrijkste wat Amma ons leert, is hoe we lief moeten hebben. Het is het belangrijkste wat we kunnen leren, en toch is het waarschijnlijk wat we het minst begrijpen. Het is veel gemakkelijker om te leren mediteren, reciteren of seva te doen dan om echt lief te hebben. Maar als we niet geleerd hebben hoe we lief moeten hebben, is al het overige niet van belang.

Veel jaren geleden sprak Amma met me en ik wilde met Haar praten over *tapas* en *vairagya*. Maar Ze bleef terugkomen op het onderwerp liefde. Ik was daardoor een beetje geërgerd omdat ik over iets 'dieper' met Haar wilde praten. Maar ik kon

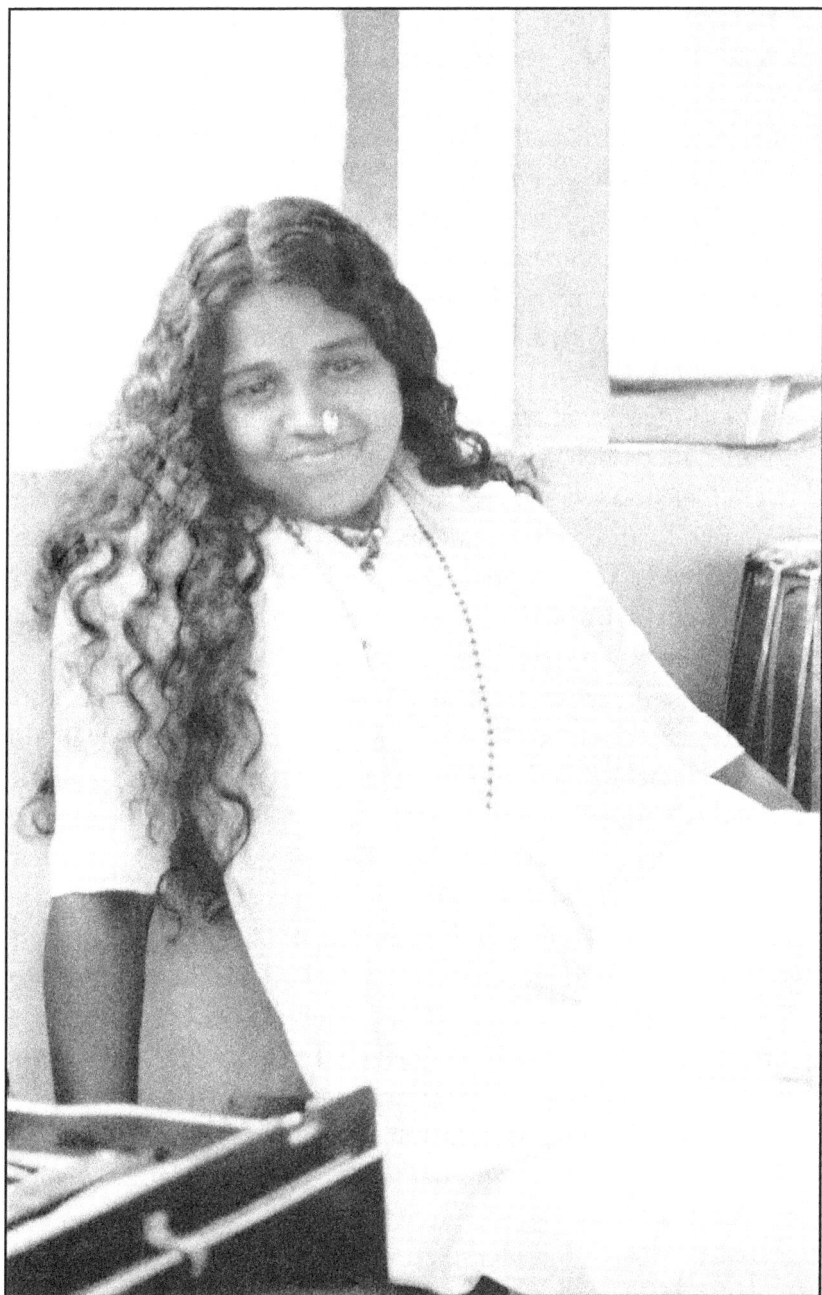

Amma niet afbrengen van het onderwerp liefde. Ten slotte zei ik tegen Haar: "Maar ik wil geen liefde!" Amma's antwoord was: "Waarom besta je dan?" Het is duidelijk dat van Haar standpunt uit gezien liefde niet alleen de essentie van spiritualiteit is, het is de essentie van het leven zelf.

Iemand vroeg eens waarom zoveel mensen in tranen uitbarsten tijdens hun darshan bij Amma. Ze legde uit: "Liefde is de essentie van ieder menselijk wezen. Als liefde je raakt, als het goede in je wordt geraakt, kan het overstromen in tranen. Liefde en gelukzaligheid zijn in ieder van ons verborgen. Amma is de katalysator die deze kwaliteiten wakker maakt. Amma's omhelzingen zijn niet alleen lichamelijk; ze zijn bedoeld om de ziel te raken."

In Calcutta kwam er iemand van tegen de twintig bij Amma. Een vriend van hem was smoorverliefd op Amma geworden en had hem over Haar verteld, dus kwam hij uit nieuwsgierigheid voor de darshan. Nadat hij zijn hoofd op Amma's schoot had gelegd, begonnen de tranen te stromen. Hij vroeg Amma verbaasd: "Wat gebeurt er met me, waarom huil ik?" Amma's antwoord was: "Zoon, als je je *echte* Moeder ontmoet, zal de liefde die je in je hebt zich door tranen uitdrukken." Eindelijk kon hij de liefde die zijn vriend voor Amma had ervaren, echt begrijpen.

Toen een journalist Amma eens vroeg waarom Ze mensen omhelst, antwoordde Ze: "Mensen worden geboren om zuivere liefde te ervaren, maar ze krijgen het nooit. Ze zijn van hun geboorte tot hun dood hiernaar op zoek. Amma's belangrijkste doel om met mensen om te gaan en hen te omhelzen, is om de zuivere liefde in hen wakker te maken. In de huidige wereld hebben zowel mannen als vrouwen moederschap nodig, het koesterende moedergevoel, de vrouwelijke energie. Door deze energie te ontvangen zullen ze onafhankelijk en vrij worden. De enige manier waarop we ons vrij kunnen voelen is door de liefde in ons te voelen. Als Amma mensen omhelst, brengt Ze ook een deel van Haar spirituele energie op hen over, zodat ze open kunnen gaan staan voor deze zuivere liefde."

Amma legt uit dat geloof in God ons altijd zal helpen door alle problemen die zich in het leven voor kunnen doen, hee te komen. Hoewel deze lering in praktisch ieder moment van Haar leven duidelijk is, is er een ongewoon goed voorbeeld uit Haar jeugd. Op een avond voordat de Bhava darshans zouden beginnen, smeet Haar broer, die tegen Haar spirituele activiteiten was en de toegewijden die voor darshan kwamen vaak lastig viel, alle olielampjes kapot en goot de overgebleven olie in het zand. Die lampjes waren de enige lichtbron voor het nachtprogramma, dus hoe kon de darshan nu doorgaan? Sommige toegewijden waren in tranen en vroegen zich af wat te doen, maar Amma zei hun vertrouwen te hebben en naar het strand te gaan om wat schelpen te verzamelen. Toen ze die bij Haar brachten, instrueerde Ze de toegewijden om katoenen draden in de schelpen te doen en in plaats van olie er een beetje water in te gieten. Toen zei Ze hun de draden aan te steken. Wonder boven wonder brandden die lampen de hele nacht.

Amma leert ons hoe we gelukkig in de wereld kunnen leven, terwijl we dapper de problemen in het leven tegemoet treden. Zij herinnert ons eraan dat lijden weliswaar overal bestaat, maar dat vertrouwen in God en de Guru het enige medicijn is dat bij beproevingen helpt. Het is als een vlot dat ons over de oceaan van lijden kan brengen. We kunnen problemen niet vermijden. Het is misschien ons lot om te lijden, maar Amma toont ons hoe we problemen met kracht en moed moeten aanpakken, om ze te zien als mogelijkheden voor spirituele groei. Ze zegt dat er geen groei zou zijn als er geen problemen zouden zijn om ons uit te dagen. Een sterk vertrouwen schenkt ons zowel innerlijke rust als vervulling in ons leven en geeft ons de moed om alle stormen die ons staan te wachten, te doorstaan.

Begin 2004 bezocht Amma voor de eerste keer Surat in de staat Gujarat. Het is altijd opwindend en onvoorspelbaar wanneer Amma een programma in een nieuwe plaats geeft. We weten niet hoe groot de menigte zal zijn en of de mensen rustig of onhandelbaar zullen zijn. Door het vele jaren reizen met Amma heb ik de menigten groter zien worden en de mensen gretiger, zelfs wanhopig zien worden om Amma te ontmoeten. In Surat was dit zeker het geval.

De plaats van het programma was net om de hoek van waar we verbleven. Dit was aan de ene kant gemakkelijk, maar toen Amma privé-darshan aan een paar mensen wilde geven, kwamen bijna 2000 mensen van de plaats van het programma opdagen. De stroom mensen was niet te beheersen. Ten slotte hadden ze het hele huis bezet en de trap geblokkeerd en weigerden weg te gaan, wat er ook gebeurde. Ze zeiden dat ze niet weg zouden gaan voordat ze Amma hadden gezien en Haar darshan hadden gekregen.

Eén brahmachari hield hen boven aan de trap tegen, terwijl de rest van ons boven of beneden in de val zat. Niemand kon naar boven of naar beneden. De glazen vouwdeuren naar Amma's kamer kraakten en we maakten ons zorgen dat ze zouden breken omdat de hysterische menigte voor de deur ertegenaan duwde. Amma wilde de mensen voor darshan laten komen, maar anderen stonden erop dat het te gevaarlijk was omdat de menigte zo ontvlambaar was.

Amma zat op de bank en vroeg om een pen. Ze nam elk pakje *vibhuti* dat we op een dienblad in de kamer hadden liggen, en begon aandachtig op elk pakje "*Om Namah Shivaya, Om Namah Shivaya*" te schrijven. Terwijl Amma zat te schrijven, leek Ze in een andere wereld te zijn. Ik dacht dat Ze op de een of andere manier wat van de spanning weg liet vloeien of iets op deze wijze oploste.

Er kwam geen verandering in de houding van de mensen die de doorgang blokkeerden. Omdat we laat waren, besloot Amma plotseling dat Ze gewoon naar buiten zou gaan om naar het programma te gaan. We waren allemaal verontrust toen Amma in de deuropening verscheen. We waren bang dat Ze gewond zou raken door de samengepakte mensenmenigte, maar Ze begon eenvoudig Haar weg de trap af door de uitzinnige menigte te banen, waarbij Ze iedereen onderweg omhelsde. Terwijl anderen geprobeerd hadden om de mensen weg te duwen, trok Amma iedereen in Haar armen en uiteindelijk omhelsde Ze zich letterlijk een weg uit deze erg moeilijke situatie. Ik stond achter Haar en was verbaasd om Amma te zien, op Haar gebruikelijke manier alles aanvaardend en iedereen naar Zich toetrekkend en hen overladend met liefde, zo anders dan normale mensen zoals wij, die afwijzen en zaken wegduwen.

De menigte was behoorlijk wild. Een brahmachari die vooruit was gegaan, raakte vast in de menigte. Hij keek naar ons en zag dat één van de toegewijden een gele doek om zijn benen had gewikkeld die leek op zijn *dhoti*. Toen hij naar beneden keek, ontdekte hij dat zijn eigen dhoti om de benen van deze andere persoon was gewikkeld! Zijn dhoti was in de totale chaos van hem afgetrokken.

We waren uitgeput toen we de auto bereikten, nadat we ons door de menigte gevochten hadden. Maar Amma kreeg het voor elkaar om zonder strijd Haar weg te vinden door de mensen te omhelzen in plaats van ze opzij te duwen. Later vermeldde iemand aan Amma hoe gewelddadig en agressief de menigte was geweest en hoe bang ze waren geweest voor onze veiligheid. Amma's zienswijze was volkomen anders. Ze verraste ons door te zeggen: "Eigenlijk was het zo mooi om de liefde van deze mensen te zien. De meesten hadden Amma nog nooit ontmoet en toch waren ze bereid om zo lang te wachten om maar een glimp van Haar op te vangen. Ze waren echt erg toegewijd."

Swami Vivekananda merkte eens op: "Ik heb in mijn onbetekenende leven ervaren dat goede motieven, oprechtheid en oneindige liefde de wereld veroveren." Amma wordt op Haar eigen unieke, erg eenvoudige en nederige manier één van de grootste veroveraars van deze wereld. Niet met een zwaard in Haar hand, maar door de wereld met liefde te omhelzen.

Ik verlang niet naar grote geschenken,
maar alleen om U altijd nederig lief te hebben.
Ik verlang niet naar bevrijding noch naar onsterfelijkheid,
dit kunt U aan anderen geven.
Ik ben bereid om elk aantal levens aan te nemen
om elk aantal smarten te verdragen,
als U maar belooft
om altijd in mijn hart te wonen,
en me leert U lief te hebben.

Hoofdstuk 6

Gehechtheid aan de Guru

"Denk niet dat je fysiek niet bij Moeder bent.
Houd op met luisteren naar je geest
en je zult Amma in je hart voelen.
Dan zul je weten dat Amma je nooit is vergeten,
dat je altijd in Haar hebt bestaan en dat altijd zult blijven"

Amma

Verscheidene keren per jaar neemt Amma een vliegtuig, vliegt naar de andere kant van de wereld en laat Haar kinderen in India met een gebroken hart achter. Hoewel het ene deel van de wereld pijn lijdt omdat het van Haar gescheiden is, verheugt de andere kant van de wereld zich op Haar komst. De handelingen van een gerealiseerde ziel kunnen nooit egoïstisch zijn; ze komen de wereld altijd alleen maar ten goede. Door Haar kinderen achter te laten geeft Amma hun de kans om sterker te worden door hun smartelijke verlangen naar Haar. Hun toewijding wordt diep en stevig geworteld door de hartverscheurende afwezigheid van Amma, want Haar vertrek dwingt de mensen om Haar in zichzelf te zoeken.

Aan de westelijke horizon verschijnt Amma als een ademtocht voor iemand die dreigt te verdrinken. Zij troost en verzacht het verdriet van degenen die verbranden in het vuur van het wereldse bestaan. Voor veel mensen die Haar op komen zoeken, is er eindelijk een sprankje hoop in hun lege leven. Mensen die nooit echt in God hebben geloofd, hebben eindelijk wat vertrouwen waar ze zich aan vast kunnen houden. Deze ontelbare zielen zijn blij om Amma weer in hun midden te hebben. Zij hebben ernaar verlangd door Haar vastgehouden te worden en Haar de last van het verdriet dat zich heeft opgehoopt door zo lang zonder Haar in de wereld te leven, weg te laten strelen. Treurende harten in India, blije harten in het Westen: alle harten zijn vol van Haar alleen.

In de jaren dat Amma naar het Westen is gereisd, zijn de menigten in elke plaats die Ze bezoekt, groter geworden. Een leven vol toewijding en liefde voor God is in het hart van zoveel mensen opgebloeid door het contact met Amma. Als je de verandering in de mensen door de jaren ziet, is het alsof je de blaadjes van een bloem open ziet gaan als die bloeit om de zon te begroeten. Mensen hebben hun hart en hun leven geopend om Amma diep in zich op te nemen door de liefde en toewijding die ze voor Haar hebben ontwikkeld.

Een meisje dat Amma tijdens Haar eerste tournees in de Verenigde Staten begon op te zoeken, kwam aanvankelijk onverzorgd en met ruig wapperende dreadlocks terwijl ze gelukzalig op Amma's bhajans danste. Nadat ze enige tijd bij Amma was geweest, begon ze zich te kleden in een wit laken. Ze had nooit geld en het was het enige wat ze kon vinden en wat op een witte sari leek. Ze wilde zo graag een van Amma's kinderen worden. Nu, een paar jaar later, heeft ze zo'n krachtig en helder doel in haar leven. Ze is getransformeerd in een prachtige, jonge vrouw en studeert medicijnen, zodat ze Amma kan dienen door bij AIMS te werken als dienstbetoon aan de armen.

De hele schepping wordt aangetrokken tot Amma. Zoals mensen Haar onweerstaanbaar vinden, zo is dat ook met de dieren en insecten het geval. Toen we onlangs in Trivandrum waren, zat ik achter Amma op het podium en merkte op dat er een bij over Haar heen kroop. Een andere bij onder Haar sari wilde zelfs nog dichterbij komen. Toen draaide Amma zich plotseling om, midden onder een bhajan, en gaf me Haar houten trommelstok waarmee Ze de maat aangeeft. Voor een tel sloeg mijn hart over, omdat ik dacht dat Ze me ging vragen om voor te gaan in de bhajan! Maar toen merkte ik op dat er aan het einde van de stok een bij zat. Amma wilde voor hem, toen hij Haar zegen had ontvangen, een veilige thuisplaats, wat Ze wil voor al Haar kinderen die hun toevlucht in Haar schoot zoeken. Ik bracht de trommelstok naar de rand van het podium en zag de bij gelukzalig wegvliegen.

Bij een andere gelegenheid zag ik tijdens Devi Bhava een vlinder op Moeders bloemenmala zitten en ik dacht: "Wat mooi. De hele natuur wil voor darshan komen." Ik liet haar zitten. Nadat ze haar portie had gehad, vloog ze weg, maar toen kwam ze twee minuten later terug voor meer. Ik begon het toen een beetje vervelend te vinden, omdat iedereen weet dat je maar één darshan mag hebben en twee darshans mag beslist niet, ongeacht hoeveel poten of vleugels je hebt!

Zoals de vlinder en de bij tot Amma werden aangetrokken, kan deze aantrekking die we tot Haar hebben, ook gezien worden als gehechtheid. Hoewel gehechtheid gewoonlijk wordt gezien als iets dat onze spirituele ontwikkeling belemmert, zal de band die we met de Guru vormen onze spirituele vooruitgang versnellen en ons hart openen. Amma zegt dat het ontwikkelen van een liefdesband, vertrouwen en overgave aan onze Guru heel belangrijk is. Dit op zichzelf kan ons naar het doel leiden. Al onze ascese zal ons niet zoveel helpen om vooruit te gaan als het ontwikkelen van een band met een volmaakt Meester, want uiteindelijk is het de genade van de Guru alleen die ons ego zal vernietigen.

We mediteren misschien vele uren of beoefenen alle mogelijke vormen van soberheid. We kunnen de geschriften jarenlang bestuderen en duizenden mantra's leren reciteren, maar dit garandeert ons allemaal niet dat we het doel van Zelfrealisatie bereiken. Als we deze band van liefde met de Guru scheppen, dan kunnen we hem nooit meer verlaten. Deze band duurt vele levens en zal ons uiteindelijk naar het doel leiden.

Om een band met Amma te vormen is het niet nodig om altijd in Haar fysieke nabijheid te zijn. Hoewel sommigen misschien denken dat het voor ashrambewoners gemakkelijker is om een sterke band met Haar te hebben, is dit niet noodzakelijkerwijs het geval. In de afgelopen jaren heeft Amma niet langer dan twee maanden achtereen in de ashram in India doorgebracht. Om de paar maanden vertrekt Ze voor een tournee door India of ergens anders in de wereld. De bewoners die achterblijven, hebben moeten leren hoe ze een sterke band met Amma kunnen handhaven, terwijl Ze lichamelijk niet aanwezig is. Mensen die ver bij Haar vandaan wonen, kunnen een net zo spiritueel georiënteerd leven leiden als degenen die bij Amma in de ashram wonen. We kunnen een relatie met Amma opbouwen en spirituele vooruitgang boeken waar we ook zijn.

Een toegewijde uit Mumbai vertelde me een verhaal over een vriendin van haar, een vrouw die Amma nog nooit ontmoet had, maar de reis naar de ashram in Amritapuri maakte om Haar te ontmoeten. Haar vriendin was een beetje sceptisch over Amma en dacht dat Ze misschien meer aandacht besteedde aan de rijken en bekenden dan aan de armen. De toegewijde wilde haar vriendin liever niet beïnvloeden door haar eigen mening te geven, omdat ze dacht dat het beter was om haar Amma's darshan te laten ervaren en zelf Amma's gelijkmoedigheid en liefde voor iedereen te laten ontdekken. Dus zei ze niets.

Toen ze op het plaatselijke treinstation aankwamen, kwam een oudere drager naar hen toe. Toen hij besefte dat ze naar Amritapuri gingen, toonde hij grote blijdschap. Hij vertelde hun dat hij een van Amma's favoriete toegewijden was en dat Ze heel veel van hem hield. Hij zei dat Amma hem elke keer dat hij Haar in de ashram bezoekt, een lange tijd vlak naast zich laat zitten, en dat hij Amma iedere week *moet* bezoeken, omdat Ze hem anders heel erg mist!

Toen de scepticus dit hoorde, kon ze haar ontroering niet tegenhouden. Hoewel deze drager in de ogen van de wereld maar een arme, oude man was, voelde Amma zoveel liefde voor hem. Door hem zo'n sterke band van liefde met Haar te geven leidde Amma hem over het spirituele pad. Zijn eenvoudige leven werd vreugdevol door deze bijzondere aandacht van Amma.

Amma smeedt deze band met ons allemaal, maar wij moeten ons deel doen. Dit betekent niet noodzakelijkerwijs dat we altijd naast Amma moeten zitten of persoonlijke dienstbaarheid aan Haar moeten betonen. Als we met liefde, vertrouwen en toewijding aan Haar denken, zal die band stevig verankerd worden. De *gopi's* van *Vrindavan* bijvoorbeeld beoefenden geen formele meditatie of ascese. Ze deden al hun handelingen – kleren wassen, koken, de baby's verzorgen, boter maken, waterhalen uit de rivier – terwijl ze aan Krishna dachten, waarbij ze zich zelfs voorstelden dat ze alles voor Krishna deden. Uiteindelijk werden ze één met Hem door de kracht van hun geloof en overgave.

Amma vertelde eens een prachtig verhaal over een gopi en haar liefde voor Krishna. Toen deze gopi de klank van Krishna die in het bos op zijn fluit speelde hoorde, wilde ze naar Krishna toe rennen, maar haar man hield haar tegen en liet haar niet gaan. Ze was zo radeloos dat ze als een vis op het droge werd, trillend en zo erg geschokt dat ze niet bij Krishna kon zijn, dat ze haar leven direct ter plekke opgaf. Haar man kreeg het lichaam dat hij wilde, maar haar ziel versmolt met Krishna.

Voor Amma is er geen verschil tussen spiritueel leven en leven in de wereld, want Ze ziet God in alles. Wij moeten ook naar deze hoogste visie streven.

Toen ik vele jaren geleden voor het eerst naar de ashram kwam, zei Amma tegen me: "Iemand moet of voor Amma of voor de ashram gehechtheid ontwikkelen." Hoewel de meeste mensen voor Amma kozen, koos ik er vreemd genoeg voor om gehechtheid voor de ashram te vormen. Volgens de traditie is de ashram een verlengstuk van het lichaam van de Guru. De Guru is niet beperkt tot een lichaam, want hij is het hoogste kosmische principe dat in ieder atoom van de schepping huist. Ik heb in mijn leven ontdekt dat als je oprechtheid voor de ashram betracht, je dit dichter bij Amma brengt.

De aantrekkingskracht die we voor Amma hebben, lijkt op geen enkele andere aantrekkingskracht die we kunnen ervaren. Gehechtheid aan naam, faam of fortuin zal spirituele hindernissen creëren, terwijl gehechtheid aan Amma onze spirituele groei zal bevorderen. De gehechtheid aan de vorm van de Guru is als een ladder die ons naar de hoogten van Zelfrealisatie kan leiden. Als we het dak bereikt hebben, hebben we de ladder niet langer nodig. Amma laat ons toe gehecht te raken aan Haar vorm om ons steeds verder naar het doel te leiden. Als we dat doel bereiken, kunnen we de gehechtheid aan de lichamelijke vorm volledig loslaten.

Moeder vertelt ons altijd dat we ons niet alleen aan Haar uiterlijke vorm moeten hechten, als we liefde voor Haar willen ontwikkelen. We moeten proberen Haar in onszelf te vangen en dan zullen we Haar altijd hebben. Als we alleen liefde voor Amma's uiterlijke vorm hebben, kan die liefde vervagen, want onze liefde is zo onbestendig, gebaseerd op de golven van de geest. Als Amma ons de ene dag aandacht schenkt, zijn we verliefd, en de volgende dag ontdekken we dat we dat niet zijn, als we denken dat we genegeerd worden.

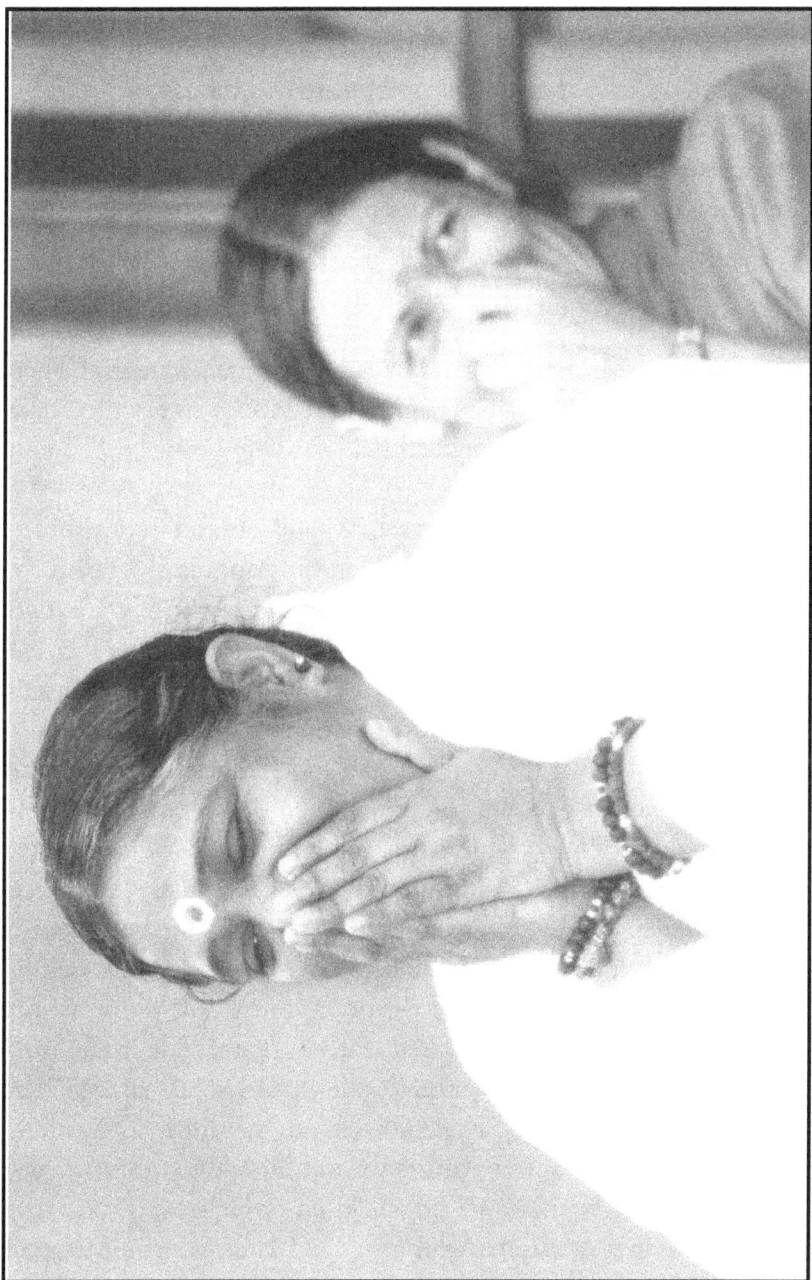

Een klein beetje liefde voor Amma is niet genoeg om ons stevig op het spirituele pad verankerd te houden. We moeten een sterk, onwankelbaar geloof gecombineerd met toewijding hebben. Echte toewijding heeft niets te maken met dwaze aanbidding, emoties of fanatisme. Ook is het niet het eenvoudig opvolgen van de bevelen van een ander zonder ons onderscheidingsvermogen te gebruiken. Echte toewijding is het opbloeien van zuivere liefde uit de ziel – het is de genade die komt als resultaat van onze inspanningen.

De sterke band die we met onze Guru vormen, kan ons helpen om problematische situaties het hoofd te bieden en om moeilijke tijden te overleven. Deze gehechtheid verdiept ons geloof en kan ons helpen ons over te geven.

In juni 2000 was er een verschrikkelijke brand in de ashram in San Ramon in Californië tijdens een van Amma's programma's. Verscheidene mensen raakten door de brand gewond. Die avond ging Amma hen in het ziekenhuis bezoeken. Ik heb nooit mensen in zo'n afschuwelijke toestand met zoveel overgave gezien. Ze leken volledig geloof en vertrouwen in Amma en hun lot te hebben.

Amma vertelde hun dat dit had moeten gebeuren, waar ze ook in de wereld geweest zouden zijn, en dat het erger geweest zou zijn als het ergens anders was gebeurd. Ze zei: "Onze weg is de weg van het kruis. We kunnen twijfels hebben, of we kunnen vertrouwen hebben en ons overgeven en daardoor sterker worden. De kaars smelt als hij wordt blootgesteld aan hitte, zoals ook ijs smelt tot water. Maar modder die door vuur wordt verhit, wordt als klei die uithardt en dan sterk wordt." Ze vertelde hun dat zij door deze ervaring veel sterker zouden worden, als zij zich met toewijding en overgave aan de voeten van de Guru vasthielden.

Een van hen gaf aan Amma toe dat hij op weg naar het ziekenhuis in het begin enige boosheid en twijfels over Haar had en zich afvroeg waarom Amma dit had laten gebeuren terwijl ze seva aan het doen waren. Hij vertelde Amma ook dat de pijn erg intens was toen hij in het ziekenhuis kwam en de dokters zijn verbrande huid afschraapten. Plotseling nam zijn hart het over van zijn geest en hij smolt gewoon; op dat ogenblik wist hij dat het zo had moeten zijn, dat hij zich moest overgeven. Zijn toewijding aan Amma nam de vragen van zijn geest en zelfs zijn pijn over. Nadat hij volledig hersteld was, nam hij de volgende zomer vrolijk dezelfde keukenseva op zich. Ieder jaar kijkt hij ernaar uit om Amma op deze wijze te dienen. Zijn toewijding en overgave in zo'n moeilijke situatie werd een belangrijke les en inspiratiebron voor ons allen.

Moeder zegt dat het pad van toewijding beslist de gemakkelijkste weg is. Heer Boeddha zei eens: "Alleen door toewijding en door toewijding alleen zul je de Absolute Waarheid realiseren. De Absolute Waarheid kan niet gerealiseerd worden binnen het rijk van de gewone geest, en het pad voorbij de gewone geest bereik je alleen door het hart. Dit pad van het hart *is* toewijding."

In de beginjaren zei Amma ons dat we niet op Haar vorm moesten mediteren, maar dat we een andere vorm voor onze meditatie moesten kiezen. Ze zei dat we naar iets moesten verlangen wat we niet hadden en omdat we bij Amma woonden, hadden we Haar de hele tijd bij ons. Moeder gaf het voorbeeld dat als we een vergissing begingen en Ze ons een standje gaf, het moeilijk voor ons zou zijn om daarna te gaan zitten om op Haar vorm te mediteren, omdat het ego zou reageren op de berisping.

Ik vroeg Amma hoe we ons konden concentreren op een vorm van God als we geloven in het vormloze aspect, omdat westerlingen gewoonlijk in een vormloze God geloven. Amma antwoordde: "Je doet gewoon alsof je toewijding hebt en op een dag zal het werkelijk komen."

Ik dacht aan alle verschillende vormen van God en koos er uiteindelijk voor om op Krishna te mediteren, maar ik kon nergens een foto van Hem vinden die ik echt mooi vond. Iemand anders bezat het enige exemplaar waartoe ik me voelde aangetrokken, maar wilde dat niet aan me geven. Op een dag toen ik me erg gefrustreerd voelde, bad en huilde ik tot Krishna: "Ik kan gewoon geen foto van U vinden. Ik heb overal gezocht, maar ik kan U niet vinden. Daarom moet U naar me toe komen."

Die avond vertrokken we voor een programma buiten de ashram. Toen de bhajans waren afgelopen, gingen we naar een nabijgelegen huis, omdat het gebruikelijk was dat de toegewijden een maaltijd voor ons klaarmaakten. Toen we het huis inliepen, zag ik twee identieke foto's van Krishna op de muur vlak naast elkaar. Krishna's vorm was prachtig en ik voelde me er onmiddellijk toe aangetrokken. Omdat er twee foto's waren, voelde ik me niet verlegen om er een te vragen. De huiseigenaren gaven me het blij. Dit werd mijn meditatiefoto. Verbazingwekkend genoeg had Krishna mijn gebeden verhoord en verscheen dezelfde avond aan me. Zelfs na twintig jaar staat deze foto nog steeds in mijn kamer.

Ik deed alsof ik toewijding voor Krishna had. Ik probeerde om wat liefde voor Zijn vorm te ontwikkelen. Bij een andere gelegenheid gingen we naar een huis in Cochin voor een klein programma. Ik herinner me dat ik er zat en enige tijd in Amma's aanwezigheid probeerde te mediteren. Ik bleef lange tijd in volledige concentratie. Plotseling werd een visioen van Krishna in mijn geest gegrift en terwijl de tranen over mijn wangen liepen, voelde ik de liefde voor Krishna in mijn hart groeien.

In die beginjaren mediteerde ik gewoonlijk op de veranda van de meditatiekamer. Ik herinner me dat ik huilde en huilde bij de gedachte aan Krishna als ik mediteerde. Dit was erg verrassend voor me en ik vroeg Amma: "Is dit toewijding of alleen emotie?" Zij antwoordde: "Een klein beetje emotie maar voornamelijk toewijding. Om God huilen is alsof je het winnende lot uit de loterij bezit." Ik had Moeders woorden over doen alsof je toewijding hebt, geloofd en de toewijding kwam inderdaad. Als we eenmaal liefde en toewijding voor God ontwikkelen, kunnen we dat nooit verliezen. Hoewel het soms kan vervagen, verlaat het ons nooit echt. Dit is een van Amma's grootste geschenken aan mij.

Als de Meester het binnenste van ons hart opent en ons een glimp van de essentie van onze ware goddelijke aard toont, stroomt er een vreugdevolle golf van dankbaarheid naar de degene die ons heeft geholpen dit te zien. Als we ons echte Zelf ontdekken, zal verlangen en respect voor degene die ons hielp, in ons hart tot bloei komen.

Ik heb de versieringen van deze wereld weggegooid.
Het enige juweel dat ik wil dragen
is die kostbare krans van toewijding aan U.
Mijn tranen van liefde voor U
vormen de ware rijkdom
in deze onechte wereld van begoocheling.
Al het andere vervaagt
als ik mijmer over Uw blauwe lotusvorm.

Heer van Mededogen,
hoe komt het dat mijn gebroken hart U niet ontroert?
Ik vraag nergens om
behalve het beroeren van Uw lotusvoeten
en liefde voor U
om me altijd gezelschap te houden.

Wolken van misleiding
kunnen mijn geest niet meer binnenkomen.
Zij worden weggedreven
door Uw beschermende vorm
die in mijn geest woont.
Al mijn verlangens
zijn opgelost.

Hoofdstuk 7

De heilige reis

"In het begin is het voor spirituele zoekers
nuttig om op pelgrimstocht te gaan.
Een reis met hindernissen zal hen helpen
de aard van de wereld te begrijpen."

Amma

Een paar jaar geleden, op een avond aan het einde van Devi Bhava, kwam Swami Ramakrishnananda naar me toe en vroeg me of ik mijn rijbewijs nog had. Ik antwoordde bevestigend. Toen vroeg hij me om snel een paar dingen te pakken, omdat Amma een tijdje weg wilde uit de ashram en wilde dat ik met Haar meeging.

Het was in de vroege ochtenduren toen we de ashram uit slopen en in Amma's auto wegreden. Ik had geen idee waar we heen gingen, maar wat deed het ertoe als het om een prachtig avontuur met Amma ging. Ik zat voorin terwijl Amma op de achterbank lag en Swami Ramakrishnananda reed. Nadat we een poosje over de kustweg gereden hadden, zei Amma dat ik het stuur over moest nemen. Ik was blij dat ik die avond niets had gegeten, omdat ik anders vreselijke maagpijn zou hebben gehad. Het was tien jaar geleden dat ik een auto had bestuurd, maar ik hoopte dat het, zoals ze zeggen van fietsen, iets is dat je nooit verleert. In ieder geval wist ik dat ik een goede chauffeur aan Amma op de achterbank had, en dat we dankzij Haar genade zeker onze bestemming zouden bereiken, zelfs als ik zou vergeten welk pedaal waarvoor diende. Er was niet veel verkeer op de weg op deze tijd van de nacht, zodat het autorijden gemakkelijk bleek te zijn. We waren op weg naar onze bestemming, waarvan inmiddels duidelijk was dat het Kanvashram zou zijn, een afgelegen kluizenaarshut in het bos bij Varkala, op ongeveer twee uur afstand. Toen we bij de ashram aankwamen, wilde de jonge bewaker het hek niet opendoen, omdat de oude swami die binnen was hem had geïnstrueerd voor niemand open te doen.

We vertelden de jongen dat het *Amma* was die naar binnen wilde, maar hij begreep niet welke Amma het was. Hij vertelde ons dat hij alleen met een geschreven toestemming van de advocaat die de juridische zaken van de ashram behartigde, de hekken voor ons open kon doen. Gelukkig woonde de advocaat vlakbij en dus reed Swami Ramakrishnananda weg om toestemming te krijgen. Amma en ik bleven blij achter, op de rotsachtige grond zittend waarbij Amma op mijn schoot lag en naar de sterren keek.

Enkele vroeg opgestane mensen uit de buurt kwamen voorbij en Amma sprak een poosje liefdevol met hen. Ze begonnen te vertellen over de wilde katten die in dat gebied leefden en zeiden dat ze niet alleen op je afsprongen en je beten, maar dat ze op je afsprongen en je met hun klauwen in je gezicht sloegen. Het leek een beetje op het vertellen van spookverhalen aan kinderen voordat ze naar bed gaan, maar ik voelde me veilig onder de bescherming van de Goddelijke Moeder van het Universum.

Uiteindelijk kwam Swami Ramakrishnananda terug met een toestemmingsbriefje dat we de ashram binnen mochten gaan. Toen de oude swami naar het hek kwam en zag dat het *deze* Amma was die de toegang ontzegd was, kreeg hij bijna een hartaanval. Hij was ontzettend ontdaan omdat hij Amma zo lang buiten had laten wachten. Hij zei dat we welkom waren maar legde verontschuldigend uit dat alle kamers op slot waren en dat hij de sleutels niet had, zodat er geen passende logeerruimte voor ons was. De enige beschikbare plaats was een open schuilhut met een gevlochten dak. Amma zei dat dit voldeed en toen hij ons erheen bracht, lachte Amma blij en herhaalde de Sanskriet mantra: "Tyagenaike amritatvamanashuhu" (alleen door onthechting kan men onsterfelijkheid verkrijgen). Deze mantra is het motto van Amma's ashram en geeft de essentie van Haar leven en leringen weer. Als Ze zou willen, zou Amma alle luxe van de wereld kunnen hebben, maar hier was Ze, blij te kunnen slapen op een kale betonnen vloer in een open hut.

We spreidden een dun katoenen laken uit om op te liggen en ik ging naast Amma liggen, terwijl Swami Ramakrishnananda iets verder ging liggen. Hij had de rol van onze bewaker op zich genomen en had ter bescherming tegen de wilde katten een bezem van kokosvezels gevonden, die hij dicht bij zich hield voor het geval we werden aangevallen.

Toen we pas vijf minuten lagen, hoorden we een geluid. Amma sprong op en zei: "Het zijn de katten! Het zijn de katten!" Swami en ik sprongen allebei in paniek op. Het volgende moment keken we elkaar aan en lachten en lachten omdat het alleen maar een zacht geluid uit de jungle was. Nadat we weer een poosje gelegen hadden, herhaalde deze scène zich. Dit gebeurde nog een paar maal. We vonden het uitermate amusant en bleven meer lachen dan dat we slaap kregen.

Eén keer echter kwam het wilde dier echt. We hoorden wat onheilspellend geritsel vlakbij, tussen de bladeren. Swami stond snel op, gewapend met zijn bezem, klaar om de wilde kat aan te vallen voordat hij ons te grazen kon nemen. Ik stond ook op, op mijn tenen lopend met mijn kleine lantaarn ter grootte van een pen…. *En daar was hij!* "Ja, daar is het wilde dier!" merkten we

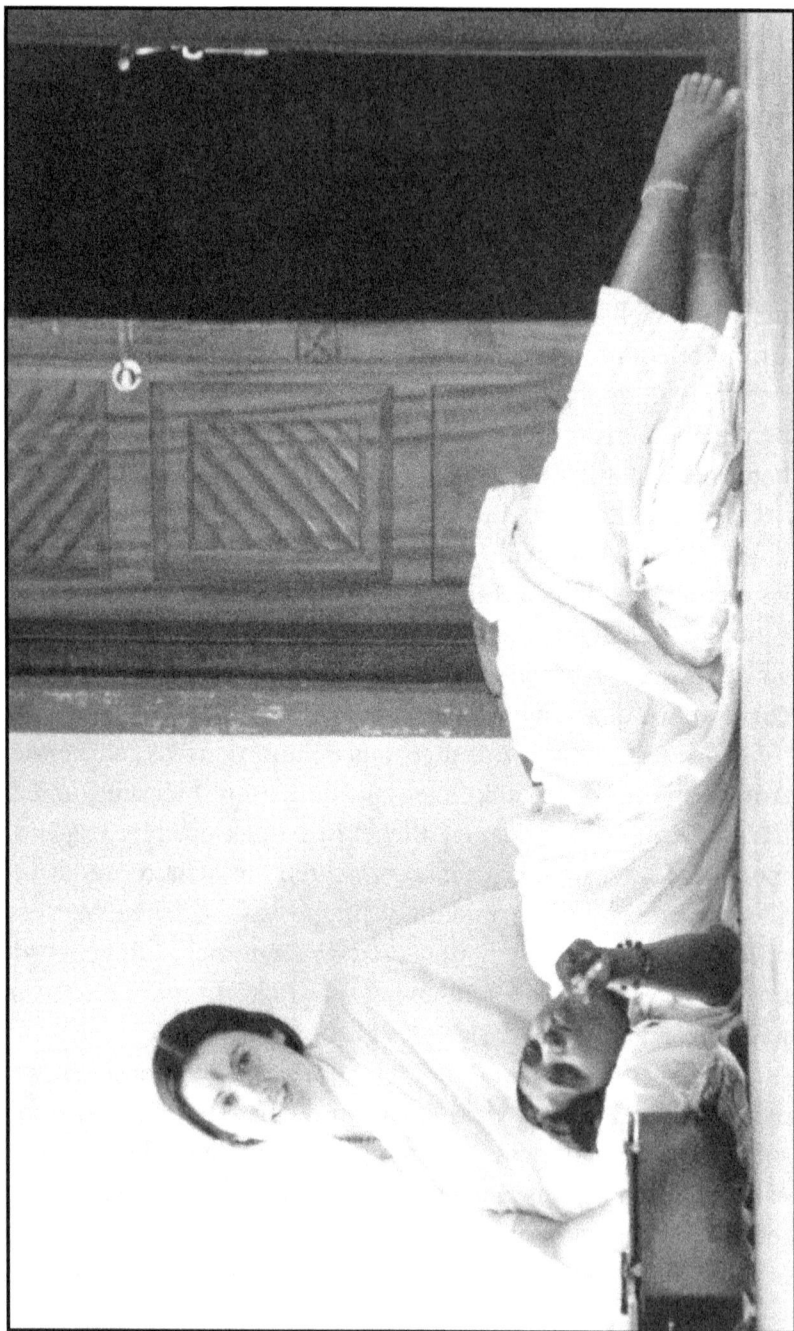

op toen een oude hond langs ons wankelde. De arme hond zag eruit alsof ze tijdens haar leven aan honderden puppies het leven had geschonken. We bleven hierom lachen en gaven uiteindelijk het idee om nog te slapen op. Wie had er slaap nodig als hij bij Amma was?

De volgende ochtend zond Amma Swami Ramakrishnananda terug naar de ashram in Amritapuri, omdat Ze niet wilde dat iemand van de brahmachari's het gevoel kreeg dat Ze iemand voortrok. Ik bleef alleen bij Amma achter. Het was het geheime verlangen dat iedere leerling in zijn hart koestert, een dag alleen bij zijn Guru zijn.

Omdat er geen badkamer was, besloten we ons morgenbad in de vijver op het terrein te nemen. Het water was een beetje bruin en donker, maar toch koel en verfrissend. Amma hield ervan in het water te zijn en dreef gelukkig op Haar rug in de lotushouding. Ik was er tevreden mee aan de rand van de vijver te blijven en Amma in Haar eentje gelukkig te zien drijven, genietend van Haar eenzaamheid in het water. Toen we uit de vijver kwamen, waren we een beetje vuiler dan toen we erin gingen, omdat het bruine slik op onze huid bleef zitten. Maar we vonden het helemaal niet erg omdat er die dag geen programma was en geen officiële aangelegenheden die we bij moesten wonen, en dus konden we het ons veroorloven er niet op ons best uit te zien.

Amma was blij buiten in de natuur te zijn en keek vaak om zich heen naar de bomen en de lucht en zei hoe mooi het allemaal was. De afgelopen vijf jaar had Ze zo zelden de gelegenheid gehad om naar de hemel te kijken zonder een mensenmenigte om zich heen. Hier was de Schepper van het Universum die Haar eigen schepping bewonderde.

We hadden gepland twee dagen weg te blijven, maar halverwege de ochtend al voelde Amma het verdriet van al Haar kinderen die achtergebleven waren en Haar misten. Toen ik 's middags met Amma naast de vijver zat, zong Ze treurig een bhajan: voor de hemel, voor de rotsen en het water, voor de hele schepping. Onder het zingen druppelden er tranen over Haar gezicht. Ik vroeg me af waarom Ze huilde. Huilde ze om ons allemaal, die vastzitten in de greep van *maya*? Of om degenen die niet om God konden huilen, waarbij Ze Haar tranen namens hen aanbood? Of huilde Ze om het egoïsme dat zo diep in ons verankerd zit en dat Ze de afgelopen jaren zonder succes geprobeerd heeft weg te smelten?

Ten slotte stond Amma op en zei: "Laten we teruggaan. De kinderen zijn allemaal zo verdrietig. Ze kunnen de afwezigheid van Amma niet verdragen." Ik was echt verbaasd. Amma had kunnen blijven en van de vrede en eenzaamheid in deze prachtige omgeving genieten, een zeldzame gelegenheid in Haar leven om wat tijd alleen door te brengen. Maar heeft Amma er ooit bekend om gestaan dat Ze Haar eigen vreugde en gemak boven het verdriet van anderen stelt?

We reden terug naar de ashram. Toen we op de weg reden, leek het erop dat allerlei obstakels zich manifesteerden om mijn rijkunst op de proef te stellen. Op een bepaalde plaats verscheen er een olifant die voorop liep in een optocht met veel mensen. Gelukkig speelde ik het klaar niets te raken.

Toen we halverwege op weg naar de ashram waren, kwam er een voertuig op ons af dat begon te toeteren, en we zagen de passagier uitzinnig met zijn armen naar ons zwaaien om naar de kant te gaan. Een van de ashrambewoners had besloten om onze verdwijning te onderzoeken en had een taxi gehuurd om ons te vinden. Amma lachte een beetje als een ondeugend kind en zei: "O jee, we zijn betrapt!" De bewoner was heel ontsteld dat we de ashram hadden verlaten zonder iemand in te lichten. Hij stapte in de auto en we zetten onze reis naar huis voort.

Toen we aankwamen, stonden alle bewoners in stilte in een rij, hun gezichten glommen van toewijding. Ze wachtten op een

glimp van Amma toen we in de auto voorbijreden. Ik vroeg me af of ze zich de omvang van Amma's liefde voor hen realiseerden, die Haar ertoe had gebracht om deze kostbare gelegenheid om een paar dagen in stilte door te brengen, voor hen op te offeren. Amma en ik hielden onze gezichten onverstoorbaar toen we binnenkwamen, maar in mijn hart glimlachte ik nog steeds om de kostbare vreugde en de herinneringen aan ons gelach en de bijzondere tijd die we samen hadden doorgebracht.

Pas later hoorden we dat er eigenlijk helemaal geen wilde katten in Varkala zijn in die tijd van het jaar. En nog steeds verlang ik elk jaar mijn rijbewijs, voor het geval dat!

🪷

Mijn hart offert alles aan U,
maar mijn geest sluipt terug de wereld in.
Maak me wakker uit deze idiote droom.
Ik heb U mijn hart gegeven,
maar mijn geest en lichaam blijven leeg in deze wereld achter.
Niets heeft nog enige betekenis,
de wereld heeft zijn zoetheid verloren.
De enige steun die ik vind,
is in mijn hunkerende gedachten aan U.
Oceaan van Mededogen,
strooit U alstublieft een paar druppels genade
voor deze miserabele ziel.

🪷

Hoofdstuk 8

Het leven is onze sadhana

"Sadhana moet je niet voor je eigen bevrijding doen,
maar om liefdevol, meedogend en begripvol genoeg te worden
om het lijden van de wereld te verwijderen.
We moeten zo ruim van hart worden
dat we het lijden van anderen als het onze ervaren,
en eraan werken om hun lijden te verlichten"

Amma

De meeste mensen denken dat sadhana alleen bestaat uit bepaalde spirituele oefeningen, zoals meditatie, *japa*, het zingen van bhajans of het reciteren van mantra's. Maar om het doel van Godsrealisatie echt te bereiken kan sadhana geen aparte activiteit zijn los van de manier waarop we ons leven leiden. Ons leven moet onze sadhana worden, niet alleen de paar uur die we elke dag aan bepaalde spirituele oefeningen besteden.

Onze reactie op iedere situatie moet als sadhana gezien worden. Amma zegt dat we onze spirituele vooruitgang kunnen beoordelen door te kijken hoe we reageren als de dingen verkeerd gaan. Worden we snel boos of kunnen we ons aanpassen en ons instellen op de situatie? We moeten altijd in iedere situatie de juiste manier van handelen in de praktijk brengen. Amma heeft totale beheersing over elke situatie: niets kan Haar van streek maken. Ze geeft ons het volmaakte voorbeeld dat we met echt onderscheidingsvermogen altijd op het juiste moment de juiste handeling kunnen verrichten.

In de beginjaren van de ashram was er geen speciale dagindeling die we moesten volgen. We deden het werk dat gedaan moest worden en brachten de overige tijd met Amma door. Na een paar jaar vroeg Amma ons een dagindeling op te stellen en ons daaraan te houden. Het was in het begin een uitdaging voor ons, maar we deden ons best om Haar instructies op te volgen.

Amma moedigde ons altijd aan om consequent en geconcentreerd te zijn in onze sadhana en Ze was zeer creatief in de wijze waarop Ze ons discipline bijbracht. Af en toe deed Ze 's morgens vroeg een inval en bonsde dan op onze deuren om ons wakker te maken als we de ochtend*archana* niet hadden bijgewoond. Uit vrees voor Amma waren we dan een paar dagen regelmatig aanwezig, hoewel het moeilijk was om regelmaat in onze oefeningen te bewaren met Amma's drukke programma.

Als Amma bij ons zat om te mediteren, had Ze soms een stapeltje steentjes bij zich. Als Ze iemand in slaap zag vallen of zijn concentratie zag verliezen, gooide Ze met perfecte doelgerichtheid een steentje naar die persoon. Dit was een vernuftige manier om de meeste mensen wakker en alert te houden.

Op een keer spoorde Amma ons aan om iedere dag een programma van acht uur meditatie te doen. De meesten van ons kwamen er echter achter dat we hiertoe niet in staat waren. Moeder zei tegen iemand: "Ik laat hen zo lang zitten om hen te laten zien hoe we anderen de schuld van al onze problemen geven. We denken dat alle problemen van buiten komen, maar zij komen echt van binnenuit, vanuit onze eigen geest. Op deze manier kunnen we zien dat het in werkelijkheid de geest is die alle problemen voor ons creëert. Meteen vanaf het begin van ons spirituele leven kunnen we begrijpen dat al onze moeilijkheden vanuit onze eigen geest komen."

Toen ik voor het eerst naar de ashram kwam, had ik het verlangen om de hele dag hard te werken en de hele nacht om God te kunnen huilen. Amma deed dit vroeger ook. Ik stelde me voor dat ik lange vastenperiodes hield, uren verzonken was in diepe meditatie of strenge ascese beoefende terwijl ik volmaakt stil in een yogahouding op één been stond. Maar in werkelijkheid gebeurden deze dingen niet. In plaats daarvan werkte ik uren aan een stuk, maakte toiletten schoon, sneed groenten en viel meestal tijdens de meditaties in slaap.

Ik besefte dat we, hoewel we misschien het verlangen hebben om strenge ascese te doen, niet de noodzakelijke kracht hebben om dit te doen. We hebben misschien verheven spirituele dromen en fantasieën over hoe we een geslaagde spirituele aspirant worden, maar in deze tijd hebben de meesten van ons niet het doorzettingsvermogen en de zelfdiscipline om veel tapas te doen. Na slechts vijf minuten intens huilen tot God ontdekken we misschien dat onze gedachten zijn afgedwaald naar een of ander werelds onderwerp. De tranen zijn misschien allemaal opgedroogd en alle devotionele gedachten zijn uit onze geest verdwenen als we beginnen te overdenken wanneer onze volgende maaltijd zal zijn.

Omdat de meesten van ons het niet voor elkaar krijgen om erg lang tapas te verrichten, moeten we een gemakkelijker doel voor onze sadhana hebben. Het tonen van wat vriendelijkheid is belangrijker dan het beoefenen van alle ascese op de wereld. Proberen aardig te zijn voor mensen en iemand helpen zonder dat het ons gevraagd wordt, en vooral als het wel gevraagd wordt, kan een enorm verschil maken. Wat is het nut van spirituele oefeningen als ze ons niet helpen meedogender voor anderen te worden en beter van dienst te zijn voor de wereld? Jaar in jaar uit zong Amma bijna elke dag de bhajan *Shakti Rupe*. Ze zong dan:

Is het niet vreemd als iemand,
nadat hij eerbiedig rond de tempel is gelopen,
bij de drempel staat en de bedelaars wegtrapt?
Is dit niet een belediging van het Pad van Kennis?
Wat heeft het voor nut om aan U te denken als we,
terwijl we dat doen, anderen pijn doen?
O Moeder, waarom is het nodig U te dienen,
als we anderen dienen terwijl we aan U denken?
Staat dit niet gelijk met Karma Yoga?

Amma zal nooit proberen Haar leringen aan iemand op te dringen, maar door de woorden van deze zeer betekenisvolle bhajan dag in dag uit te zingen, begon de lering door te dringen.

Iemand vroeg Albert Einstein eens wat het belangrijkste was wat hij van zijn studies over alle wereldreligies had geleerd. Hij zei: "Het belangrijkste wat ik heb geleerd is het tonen van een beetje vriendelijkheid." Amma herinnert ons er vaak aan dat we, als we anderen niet in materiële zin kunnen helpen, op zijn minst kunnen glimlachen, hen met vriendelijke woorden kunnen troosten en proberen hen op te monteren. Al dit soort handelingen kunnen spirituele oefeningen worden die ons helpen zuiver te worden.

Niet iedereen kan op weg gaan om lichamelijk dienstbaar te zijn. Mensen die hiertoe de mogelijkheid hebben moeten dat doen, en degenen die dat niet kunnen, moeten positieve gedachten projecteren. Er wordt vaak gezegd dat gedachten krachtiger zijn dan daden. Ons lichaam en onze geest hebben we niet gewoon voor eigen gebruik gekregen, maar om te leren hoe we anderen kunnen dienen. We moeten ons uiterste best doen om ons voor het welzijn van de mensheid in te zetten. Amma geeft Zich altijd aan iedereen en biedt ons hiermee een volmaakt voorbeeld.

In Haar jeugd werd Amma zowel 's nachts als overdag door gedachten aan God en herinneringen aan God in beslag genomen bij alles wat Ze deed. Als jong meisje maakte Amma Haar

schoolwerk en deed vervolgens het huishoudelijk werk in het huis van Haar ouders. Maar hierna hield Ze niet op. Ze ging naar veel huizen in het dorp en deed daar ook al het huishoudelijk werk.

Damayanti Amma zei Amma nooit dat Ze al dit werk moest doen; het was Amma's eigen idee. Haar moeder was blij dat Ze hard werkte, maar ze hield er niet van als er dingen uit hun huis verdwenen. In Amma's familie ging er een gezegde rond: "Of je nu honger hebt of niet, ga eten, want als je nu niet eet, zal Sudhamani het eten nemen om het aan anderen te geven en je zult niets krijgen als je honger hebt!" Als ze Haar iets moois lieten zien dat van hen was, waren ze bang dat Ze het weg zou geven aan anderen die het harder nodig hadden.

Damayanti Amma hield vroeger koeien en ze was bekend om de hoge kwaliteit van de melk die ze gaven. Ze was een heel eerlijke en ethische vrouw, die niet zoals anderen de melk met water verdunde om meer te verkopen. Damayanti Amma was zo eerlijk dat ze, voordat de melk meegenomen werd om verkocht te worden, de kan waste en tot de laatste druppel afdroogde voordat ze de melk erin deed. Ze wilde zeker zijn dat er helemaal geen water in de melk was, omdat haar reputatie alles voor haar betekende. Op de markt wisten de mensen dat de melk echt zuiver was, als hij bij Damayanti Amma vandaan kwam.

Elke dag werd één van de kinderen naar de markt gestuurd om de melk te koop aan te bieden. Op de dagen dat het Amma's beurt was, nam Ze de melk en ging direct naar een huis waar de mensen het zich niet konden veroorloven. Ze kookte wat melk en bood het hun aan. Ze verving dan de ontbrekende melk door dezelfde hoeveelheid water. Amma ging nog naar andere huizen en deed hetzelfde. Tegen de tijd dat Ze de winkel bereikte en de melk aan de eigenaar gaf, was de melk uiterst waterig. Een paar dagen hield de winkeleigenaar zijn mond, misschien dacht hij dat hun koe ziek was. Uiteindelijk moest hij naar het huis van

Damayanti Amma gaan. Hij voelde zich heel rot dat hij haar dit moest vertellen, omdat ze zo bekend stond om haar eerlijkheid en hij voelde zich ongemakkelijk om haar te beschuldigen van het verdunnen van de melk. Damayanti Amma riep Amma dan en schreeuwde tegen haar: "Wat heb je met de melk gedaan?" Amma antwoordde dan kalm: "Er waren mensen die geen melk hadden, dus heb ik het aan hen gegeven."

Van jongs af aan wist Amma dat spiritualiteit uitgedrukt werd in praktisch handelen. Als iemand ergens iets nodig had en Ze de mogelijkheid had om hem te helpen, deed Ze het. Amma was niet bang voor straf. Ze kreeg pas innerlijke rust als Ze Haar uiterste best had gedaan om degenen die leden te helpen.

Er was eens een groot yogi die zijn volledige aandacht gaf aan elke taak die hij deed, zelfs als het iets alledaags was. Hij gaf dezelfde aandacht aan het schoonmaken van een koperen pot als aan het aanbidden van God in de tempel. Deze grote yogi was altijd het beste voorbeeld van het geheim dat hij eens vertelde over de juiste manier van handelen. Hij zei: "Je moet van de middelen houden en daarvoor zorgen alsof dat het doel zelf is."

Amma zegt dat spirituele oefeningen niet alleen lichamelijke oefeningen zijn, maar disciplines die uiteindelijk onze geest en intellect moeten afstemmen op het Hoogste. Naar degenen die hun sadhana met de juiste houding en intentie doen, zal alles ongevraagd komen.

In deze tijd is het vaak moeilijk om je concentratie te bewaren. Onze geest raakt door zoveel zaken verstrooid, maar het is onze plicht om te proberen hem te beheersen. Op alle gebieden van het leven moet men een sterke discipline hebben om succesvol te zijn. Spirituele discipline is niets anders dan het bijeenrapen van de verstrooide geest. Als er maar de kleinste wens is, kan de geest niet opgaan in God. Echte meditatie is een ononderbroken stroom van gedachten naar God, maar hoeveel van ons zijn in staat om volledig op God gericht te blijven? Totdat we dat doel bereikt hebben, zijn we alleen maar aan het oefenen en ons aan het voorbereiden voor de echte staat van meditatie.

Amma adviseert ons evenwicht in onze spirituele oefeningen te bewaren. Tijdens de Noord India tournee zei Ze op een keer dat satsang samen met meditatie noodzakelijk is, zelfs voor yogi's die in grotten in de Himalaya zitten. Anders zouden ook zij begoocheld kunnen worden. Tijdens satsang praten we over heilige onderwerpen en zingen we samen mantra's. Dit zuivert onze geest en ook de atmosfeer. Zonder satsang zijn we als bomen langs de kant van de weg, die onwillekeurig stofdeeltjes oppikken van de voortdurende verkeersstroom.

Sommigen zeggen dat we niet moeten handelen omdat handelen nieuwe *vasana's* zal creëren. Maar zelfs als we mediteren, is de geest nog actief. Dit is eenvoudigweg een ander gebied van handelen. Daarom moeten onze handelingen op zijn minst van enig nut voor de wereld zijn door onbaatzuchtig te dienen. Amma heeft gezegd: "Als je spirituele oefeningen doet zonder onbaatzuchtig handelen, zal het zijn als het bouwen van een huis zonder deuren of een huis dat geen pad heeft om binnen te komen."

In de beginjaren begon een brahmachari in de ashram een fotostudio waar hij foto's vervaardigde. Maar er was een probleem: helaas had hij een oogziekte en kon niet erg goed zien. Ik vroeg Amma's toestemming om te helpen bij het maken van de foto's omdat ik zag hoeveel werk het voor hem was. Ik had hem pas een week met de foto's geholpen, toen Amma me plotseling vroeg om dit werk over te nemen. Ik was volledig verrast. Ik zei Amma dat ik geen belangstelling had om de fotoafdeling te leiden en dat ik alleen maar wilde helpen. Amma's antwoord was: "Wie kan wie helpen?"

Ik besteedde er veel tijd aan om te begrijpen wat Moeder met deze paar woorden had bedoeld. Het was als een uitspraak uit de *Vedanta*: ik voelde dat ik er jaren van mijn leven over zou kunnen contempleren om me de volledige betekenis ervan eigen te maken. Toen ik Amma's woorden gehoord had, moest ik het maken van foto's wel overnemen. We hadden een oud, kapot, tweedehands vergrotingsapparaat en gebruikten de ontwikkelaar en fixeer op kamertemperatuur. Ik wist helemaal niet hoe het werk gedaan werd, maar was eenvoudig klaar om de procedures te leren. Pas later besefte ik dat bijna niemand deze primitieve methode om kleurenfoto's te printen en te ontwikkelen ooit gebruikte, maar dankzij Amma's genade kwamen de foto's meestal beter tevoorschijn dan de meeste professionele studio's hadden kunnen produceren.

Toen ik tien dagen druk foto's afgedrukt had, had ik geen tijd gevonden om te mediteren. Ik voelde me slecht hierover en meldde het aan Amma. Ze antwoordde: "Dit werk is jouw meditatie. Je weet niet hoeveel geluk je hebt. Mensen uit de hele wereld huilen om Amma's vorm en jij hebt hem hier de hele tijd vlak voor je. Dit *is* jouw meditatie."

Amma vertelt ons altijd hoe belangrijk het is om een doel in ons leven te hebben. Dit wordt vaak genoemd in het spirituele leven, maar we realiseren ons misschien niet hoe essentieel het is, behalve als we het persoonlijk ervaren. Alleen door persoonlijke ervaring kunnen we het echt begrijpen. Voor mij was dit het geval toen ik *sannyasa* kreeg.

Vele jaren terug werd ik benaderd om sannyasa te nemen. Ik was volledig geschokt. Ik had het nooit voor mezelf overwogen, hoewel ik besefte dat mijn leven uitsluitend een spirituele richting opging toen me gevraagd werd hierover na te denken. Toen ik voor het eerst bij Amma kwam, wilde ik kinderen krijgen en reizen, maar sinds ik Amma heb ontmoet, zijn al deze verlangens eenvoudig verdwenen. Niettemin vond ik mezelf niet geschikt voor sannyasa. Maar toen suggereerde iemand: "Wel, probeer je er klaar voor te maken."

Het idee verbaasde me, maar was volstrekt zinnig en van toen af had ik de volgende zes maanden altijd dit doel voor ogen: te proberen me hiervoor klaar te maken. Er was altijd iets aanwezig, een raar gevoel in mijn maag of ik hoorde in mijn achterhoofd voortdurend de woorden: "Probeer je er klaar voor te maken." Het was net een krachtmeting. De ene gedachte was: "Hoe kun je tegenover de wereld ooit pretenderen dat je hier klaar voor bent?" Maar iets anders zei: "Je leven is nergens anders voor bestemd." Deze gedachten brachten me ertoe om erg veel moeite te doen om te proberen alles juist te doen.

Ik begon te begrijpen waarom het zo belangrijk was om een doel te hebben. Door dit doel voor ogen te houden viel alles wat me hiervan afbracht, weg. Ik had iets belangrijks waarop ik me in mijn leven wilde voorbereiden en ik wilde er klaar voor zijn.

Na zes maanden werd ik geïnformeerd dat Amma me sannyasa aanbood. De avond voor de plechtigheid riep Amma me naar Haar kamer en vroeg me maar één ding: "Is je hart er open voor?" Nadat ik erover nagedacht had en zolang geprobeerd had me erop voor te bereiden, kon ik oprecht "Ja" tegen Haar zeggen. Ik vroeg Amma wat ik kon doen om te proberen te veranderen en Amma's antwoord was: "Lees Amma's boeken." Dat is een mooi advies voor ons allen, want het is iets wat we gemakkelijk kunnen doen.

Alle spirituele oefeningen zijn bedoeld om ons concentratie te geven, zodat we zuiverheid van geest kunnen verkrijgen en in het laatste stadium in God opgaan. Hoewel we onze spirituele oefeningen moeten blijven doen om te proberen discipline te ontwikkelen en ons gewaarzijn aan te scherpen, heb ik voor mezelf ontdekt dat het beste pad naar het doel belangeloos dienen is. De meesten van ons hebben een door *rajas* gedomineerde geest en kunnen zich in de meditatie niet lang concentreren, maar we ontdekken misschien dat we urenlang hard kunnen werken. Moeder biedt ons erg veel gelegenheden om zuiverheid van geest te verkrijgen door onbaatzuchtig te dienen, iets wat we allemaal, waar dan ook in de wereld, kunnen beoefenen.

❦

Oh, mijn geest,
waarom wil je mijn vriend niet zijn?
We zouden samen zo gelukkig kunnen zijn.
Waarom verlang je ernaar om zo'n lange tijd
diep in de donkere wateren van maya te duiken
zonder zelfs naar een onderbreking te verlangen
en boven water te komen
voor die zuivere lucht die altijd wacht?

Je weet dat in God verblijven ons allebei gelukkiger maakt
dan al het andere wat we ooit hebben gekend.
Wat kan ik doen om je te overtuigen?
Hoe kan ik je ertoe brengen
deze gelukzaligheid altijd met me te delen?
Waarom verlang je ernaar te verblijven
in het slijk van deze wereld
in plaats van te vliegen in de heldere zuivere luchten?

Oh, mijn geest,
ik zou je alles willen geven wat je wilt,
aals je me maar een beetje langer bij mijn Geliefde zou laten,
de blauwe Aanwezigheid met de lotusogen,
die me zo vaak zachtjes roept met Zijn fluit.
Om alleen maar wat meer tijd bij Hem door te brengen

zou ik je alles willen geven.

Oh, mijn geest,
we hebben beiden de kans om in vrede te verblijven.
Waarom ga je met mij niet daarheen?

Hoofdstuk 9

Belangeloos dienen

"Probeer belangeloos met liefde te werken.
Stort jezelf in alles wat je doet.
Dan zul je in alle werkzaamheden
schoonheid voelen en ervaren.
Liefde en schoonheid zitten in jezelf.
Probeer dit in je handelingen uit te drukken
en je zult absoluut de bron van gelukzaligheid raken."

Amma

Toen ik voor het eerst bij Amma kwam, wilde ik leren hoe ik een spiritueel leven moest leiden. Ik had de voorbijgaande aard van alle soorten vreugde van een werelds leven gezien en voelde dat alleen een spiritueel leven echt geluk zou brengen.

In die begintijd waren de paar mensen die bij Amma woonden, niet zo gedisciplineerd als we nu zijn. We hadden weinig notie wat het betekende om een spiritueel leven te leiden, en wilden alleen dicht bij Amma zijn, voor altijd aan Haar voeten zijn. Na de eerste paar jaar in de ashram begon Moeder het woord 'dienen' te benadrukken. We keken verbaasd naar elkaar omdat we nog niet begrepen hoe belangrijk dienen in ons leven zou worden. In die tijd was Amma's darshan het belangrijkste middel om Haar liefde uit te drukken. Niemand van ons had enig idee dat Zij een van de grootste filantropen ooit zou worden.

Naarmate de tijd verstreek en Amma belangeloze dienstverlening meer en meer benadrukte, werd ons verlangen om dienstbaar aan de wereld te zijn geleidelijk groter en bloeide op uit het kleine zaadje dat Amma in ons hart had geplant en voorzichtig met Haar liefde en aandacht had gevoed. De wereld dienen is nu ons diepste verlangen geworden. In het hart van allen die in het begin bij Amma kwamen, is het diepste gebed geworden: "Amma, geef ons de kracht en de zuiverheid om de wereld te kunnen dienen."

Een van mijn meest gedenkwaardige momenten met Amma was tijdens een autorit na een lang darshanprogramma. Het was vroeg in de ochtend en we waren allen erg moe. Maar omdat Amma nooit te moe is voor nog een darshan, vroeg Ze een jonge jongen om met Haar in de auto mee te reizen. Hij zat naast Haar in de auto en zei: "Amma, beloof me alstublieft dat u een keer vakantie neemt."

Amma lachte en legde zijn hoofd op Haar schouder. Toen zei Ze: "Mijn zoon, dit *is* Amma's vakantie. We komen in deze wereld met niets en we verlaten deze wereld weer met niets. Het lichaam zal ziektes krijgen, zelfs als we veel rust nemen, en het zal instorten als de tijd daar is, ongeacht wat we doen. Laten we tenminste een paar goede dingen in het leven proberen te doen, iets goeds voor de wereld als we hier zijn, om onze dankbaarheid te tonen."

Ik voelde me zo gezegend deze woorden te horen. Het was alsof ik het onderricht van Heer Krishna aan *Arjuna* op het slagveld hoorde. Amma was de Goddelijke Guru die woorden van wijsheid aan de leerling overbracht, de liefdevolle moeder die haar geliefde kind adviseerde en ook een goede vriend die een goede raad gaf. Nadenken over deze paar zinnen was contempleren over alle belangrijke spirituele leringen in een notendop. Amma is echt een van de grootste Mahatma's die ooit op deze aarde heeft gelopen, Haar grootheid verbergend achter een eenvoudige witte sari. Amma herinnert ons eraan dat ons lichaam op een dag zal verslijten; we zullen allemaal een keer sterven. Is het niet beter om het lichaam te verslijten terwijl het iets goeds doet, in plaats van het alleen maar te laten verroesten? Zelfs als we rustig proberen te mediteren, zullen er toch voortdurend gedachtes in ons opkomen. Daarom moeten we proberen ons lichaam en onze geest op zo'n manier te gebruiken dat we voor anderen van nut zijn.

Voor de meesten van ons is het moeilijk om door andere vormen van sadhana concentratie te verkrijgen. Daarom wordt belangeloos dienen onze belangrijkste spirituele oefening. We hebben misschien niet genoeg doelgerichtheid om al onze gedachten tijdens de meditatie aan de Heer aan te bieden, daarom wordt ons werk meestal onze eredienst en heilige offergave. Amma geeft ons de middelen om een zuivere, geconcentreerde geest te krijgen door belangeloos te dienen en Ze probeert ons voortdurend te inspireren om ons leven op dit principe te baseren.

Alles wat we van het leven nemen, veroorzaakt bij ons een karmische schuld. We moeten vreugde in het leven vinden door die schuld met liefde en dankbaarheid terug te betalen. We moeten niet werkloos toezien, maar moeten hard werken met de talenten die we hebben. We hebben in ons zo'n groot vermogen aan verborgen talenten die tot uitdrukking gebracht en gebruikt moeten worden om te dienen. Het leven is een kostbaar geschenk, dat we niet gekregen hebben om onze eigen zintuiglijke genoegens te bevredigen, maar om goede daden in de wereld te verrichten. We moeten onze gaven en talenten niet verspillen.

Tijdens een Noord India tournee bezochten we Mananthavadi, dat Amma altijd *Anandavadi* noemt, wat 'plaats van gelukzaligheid' betekent. Toen Amma's auto de heuvel opreed, wachtten de *adivasi's* om hun traditionele welkom te geven. Ze dansten blij voor de auto. Oude vrouwen waren in witte kleren gekleed. Hun kleding was oud en versleten, maar wapperden om hen heen toen ze blij voor Amma dansten. Ze was voor een driedaags bezoek gekomen om hun tranen af te vegen en hun lasten weg te nemen, en dat waren er heel wat.

Het leven van deze mensen die op de thee- en koffieplantages in de heuvels in Kerala wonen, is hard. De meeste mensen hebben geen werk. Vaak rot de oogst op de hellingen weg, omdat er niemand is die de opbrengst koopt. Lagere prijzen in andere gebieden hebben alle handel verdreven. Als men elders goedkoper uit is, wie denkt er dan aan om zaken te doen met arme mensen alleen omdat ze het nodig hebben? Heel weinig mensen, helaas. De arme boeren hebben niemand die hun oogst wil kopen, en zonder handel kunnen ze niemand in dienst nemen om voor hen te werken.

Toen we stapvoets in Amma's auto de heuvel opreden, zwaaiden de dansers met hun handen door de lucht in eenvoudige gebaren. Een kleine oude man van ongeveer tachtig wilde ook voor Amma dansen. Hij hield in de ene hand een paraplu vast en sprong, niet zo gracieus als de vrouwen, op en neer waarbij de grote vaalroze tulband aan de grappige situatie bijdroeg, omdat die met hem op en neer wipte. Een van de organisatoren probeerde hem telkens weer opzij te duwen, maar de man kreeg het steeds voor elkaar om voor de auto terug te springen.

Amma zei dat deze mensen de onschuld van kleine kinderen hadden. Genade van de Meester wordt verkregen door iemands onschuldige houding. Deze arme dorpelingen kenden de zegeningen die ze ontvingen van een Goddelijk Wezen, vandaar dat hun hart, geest en lichaam allemaal dansten van vreugde, zich laafden aan de zoetheid van de liefde van hun Goddelijke Moeder. Amma zei dat veel mensen hier tijdens darshan een met hard werken verdiende roepie in Haar hand stopten. Geïnspireerd door Amma wilden zij ook geven, hoewel ze niets hadden. Hun eenroepiemunt werd ongetwijfeld in goud veranderd, omdat het alles was wat ze hadden, waardevoller dan miljoenen van iemand die heel veel heeft.

Iedereen is altijd blij om deze plaats te bezoeken, waar de lucht en de omgeving zo schoon en zuiver zijn en de simpele lieflijkheid op ieders gezicht een vreugde om te zien is. Tijdens Amma's programma wordt het landelijke gebied omgevormd tot Haar reizende ashram. Mensen zijn overal druk bezig met het zorgen voor anderen. Mantra's vullen de atmosfeer in de vorm van Sanskriet recitaties of het zingen van extatische bhajans die de naam van God verheerlijken. De trillingen zuiveren de hele omgeving, misschien wel het hele land en mogelijk zelfs de hele wereld.

De eerste dag van het programma keek ik uit het raam van mijn kamer en zag dat het buiten een prachtige dag en een prachtige wereld was. Ik kon de rij toegewijden zien die vrijwilligerswerk in de eetzaal deed. Met een glimlach schepten ze eenvoudig, voedzaam voedsel op voor de hongerige mensen die in de rij op eten stonden te wachten. De toegewijden die opschepten, waren blij om andere toegewijden te kunnen dienen. Is er een grotere zegening dan de toegewijden van God eten te geven? De mensen die het eten kregen, waren blij omdat ze wisten dat de paar muntjes die ze voor de maaltijd betaald hadden, via Amma's keten van charitatieve projecten aan het dienen van lijdende mensen besteed zou worden.

Wat een ongelofelijke cyclus van dienstverlening heeft Amma geschapen! Het is echt een win-win situatie voor iedereen. Zij die hard werken om te dienen, worden beloond met toekomstig goed karma en ook met onmiddellijke voldoening. Zij die geld geven om iets te kopen, worden blij van de dingen die ze krijgen, naast het gegeven dat alle inkomsten naar een goed doel gaan.

Ze creëren goed karma door het verschaffen van het geld voor de dienstverlenende projecten. En de arme mensen die de hulp uit Amma's charitatieve diensten ontvangen, hebben door daden uit het verleden de verdienste verworven om geholpen te worden. Deze cyclus van dienstbaarheid verschaft iedereen vreugde.

We weten nooit hoe belangeloos dienen ons zal beïnvloeden. Ongetwijfeld worden we er alleen maar beter van en in sommige gevallen kan het zelfs ons leven redden. Er is een verhaal over twee mannen die samen reisden op een bitter koude dag. Er was zware sneeuwval en beide mannen waren bijna bevroren. Toen zagen ze iemand die bijna dood was in de sneeuw liggen. De ene man stelde voor om de bevroren man te redden, maar zijn metgezel vervolgde zijn weg en zei dat het beter was dat ze zichzelf redden. De eerste man sloeg het advies van zijn vriend in de wind, pakte de stervende op en ploeterde voort met het bevroren lichaam op zijn rug. Hij kwam moeizaam vooruit met deze zware last en na enige tijd haalde hij zijn aanvankelijke metgezel in. Hij was doodgevroren. Maar de meedogende man was warm geworden dankzij zijn inspanning om de vreemdeling op zijn schouders te dragen; en de vreemdeling ontving die warmte en begon weer tot leven te komen. Door zijn vriendelijke en belangeloze daad werd het leven van beiden gered.

Seva kan een nieuwe betekenis aan ons bestaan geven. Een vrouw van zesentachtig jaar die in Chennai woonde, was depressief geworden en vond dat ze geen reden had om 's ochtends op te staan, zelfs geen reden had om te leven. Ze had bij plaatselijke hulpverleningsinstanties willen helpen, maar die wilden alleen geldelijke donaties aannemen. Toen kwam ze erachter dat ze kleine tasjes en portemonneetjes kon maken om die aan Amma te doneren, zodat deze verkocht konden worden voor Amma's charitatieve werken. Deze vrouw had haar heup gebroken en gebruikte, tot ieders verbazing, op haar zesentachtigste nog een

oude trapnaaimachine. Hoewel het zwaar werk voor haar leek, werd ze enthousiast over het idee om fysiek bij te kunnen dragen aan het helpen van anderen. Dit naaiwerk gaf opnieuw een gevoel van zin en een doel in haar leven. Iedere morgen keek ze er blij naar uit iets nieuws te maken. Op een keer stuurde ze een paar van de werkstukken om tijdens darshan aan Amma te geven. Amma zei dat ze de liefde kon voelen die in het maken van de tassen was gegaan. Lange tijd bekeek Ze ze blij en stuurde wat prasad terug naar de vrouw die ze had vervaardigd, omdat de oude vrouw niet kon reizen om Amma te bezoeken.

Mensen die belangeloos werk willen doen, zijn waardevoller dan goud. Een bewoner van de ashram vertelde me eens over een grote dienstverlenende organisatie die maar honderd leden voor het leven had om te helpen bij al hun dienstverlening. Iemand had hun een grote cheque gegeven, maar de organisatie antwoordde: "We hebben geen geld nodig, geef ons slechts vijf onbaatzuchtige werkers. Dat zou voor ons veel waardevoller zijn." Geld komt en gaat, het kan vaak gemakkelijk verkregen worden, maar onbaatzuchtige werkers zijn moeilijk te vinden.

"Onze rijkdom ligt in wat we voor anderen kunnen doen," zei Sir Edmund Hilary, die bekend is om de belangrijke prestatie dat hij een van de eersten was die de Mount Everest heeft beklommen en ook omdat hij een van de eersten was die de noord- en zuidpool heeft bereikt. Voor de meeste mensen zou er geen belangrijker doel in hun leven kunnen zijn dan het bedwingen van de hoogste berg ter wereld en het bereiken van de uiteinden van de aarde. Maar toen men Sir Edmund Hilary vroeg wat zijn grootste prestatie was, noemde hij dit niet eens. Hij zei dat voor hem de belangrijkste prestatie de hulp aan de sherpa's, de oorspronkelijke bewoners van Nepal, was. Hij antwoordde verder: "Als ik terugkijk op mijn leven, twijfel ik er niet aan dat de waardevolste dingen die ik heb gedaan, niet is dat ik op de toppen van bergen of op de noord- en zuidpool heb gestaan, hoewel het grote avonturen waren. Mijn belangrijkste projecten zijn het bouwen en onderhouden van scholen en medische klinieken voor de arme mensen in de Himalaya geweest."

We hebben misschien niet de kracht of de energie om de toppen van de hoogste bergen van de wereld te beklimmen, maar we hebben wel het vermogen om de hoogte van spiritualiteit te bereiken. Dat ligt binnen het bereik van ieder van ons. Er zit enorm veel kracht in ons, maar we boren slechts zelden dit reservoir van goddelijke energie aan.

Amma demonstreert consequent het vermogen om een onmetelijke bron van energie en mededogen aan te boren. Na een programma waarbij Ze aan 20.000 mensen in Shivakasi, Tamil Nadu, darshan had gegeven, bezocht Ze Anbu Illam, een bejaardenhuis dat door de ashram wordt gerund. Het was halfvijf 's morgens en alle bewoners waren opgewonden door Haar bezoek. Ze hadden een bad genomen en droegen hun beste kleren en waren allemaal op, klaar om een glimp van Amma op te vangen.

Amma ging hen in hun eigen kamer opzoeken. In de eerste kamer ontdekte Ze dat een paar lakens vuil waren en dat de ramen een schoonmaakbeurt nodig hadden. In andere kamers waren spinnenwebben en zelfs een klein bijennest dat zich op een neonbuis begon te vormen. Amma begon te stoffen en schoon te maken en gaf zo iedere kamer in het gebouw een beurt. Ze liet niemand van de staf helpen en stond erop alles zelf schoon te maken. Ze gaf de dokter en de man die de leiding had een uitbrander en zei dat het veel *punya* bracht als je oude mensen die niet voor zichzelf konden zorgen, kon dienen. Ze zei hun dat ze zich bijzonder moesten inspannen om deze mensen in de laatste jaren van hun leven een schone omgeving te verschaffen. Amma bracht er de nacht door en de bewoners waren erg blij Haar bij zich te hebben. Ze vroegen toestemming om met Amma op de foto te gaan en Amma stemde hier minzaam mee in en vervulde zo hun wens met Haar op een groepsfoto te gaan.

Het was op Haar 45ste verjaardag dat Amma een wens van mij vervulde. Ik had altijd naar de mogelijkheid verlangd aan mensen eten uit te delen. Amma noemt zich soms 'de dienares van de dienaren'. Om de 'dienaren van de dienares van de dienaren' te dienen leek me geweldig, een van de grootste zegeningen die je kon ontvangen. Omdat ik altijd verlegen ben geweest, had ik nooit de kans gehad om toegewijden op deze manier te dienen, ofschoon ik er vaak aan had gedacht. Het was gewoon een wens die ik lange tijd in mijn hart gekoesterd had.

Ik had het plan opgevat en het besluit genomen dat ik op Amma's verjaardag eten zou gaan uitdelen. Verborgen tussen duizenden mensen zou zeker niemand me opmerken. Ik verzamelde moed en ging naar de meisjes die stonden te serveren om te vragen of ik iets uit kon delen. Ze stemden met tegenzin toe omdat ze het werk zelf wilden blijven doen. Omdat ik had bedacht dat het geven van de *pappadams* het gemakkelijkst zou zijn, begon ik daarmee. Het meisje van wie ik het baantje had overgenomen, zei dat ze ook uitgekeken had naar een kans om toegewijden te dienen.

Was dit een besmettelijke ziekte die zich aan het verspreiden was? Het leek erop dat iedereen de kans wilde om op de een of andere manier te dienen. Er waren veel mensen, zowel met als zonder vrijwilligersbadge, die vele, vele uren echt hard werkten, maar ze zagen er zo gelukkig uit. Er is een bekend gezegde: "Het is beter te geven dan te ontvangen," en het leek erop dat de mensen dit deze dag echt ervoeren. Amma heeft gezegd dat iemand die met devotie een bloem aan God offert, onbedoeld als eerste de geur en de schoonheid van die bloem zal ontvangen. Op dezelfde wijze zullen wij, wanneer we belangeloos dienstbaar zijn, de zegeningen eerder ervaren dan degene die we dienen.

Mensen zijn vaak verlegen om voor Amma's darshan te komen als ze hard gewerkt hebben en geen tijd hebben gehad om zich te verkleden. Maar Amma zegt dat het zweet van de toegewijden parfum voor Haar is. De inspanning en de onbaatzuchtige houding die ze in hun harde werken hebben gestopt, worden als parfum, omdat die gebruikt zijn om vreugde aan anderen te geven, om een beetje licht te brengen in het leven van zoveel mensen die lijden.

Vaak hebben we Amma het voorbeeld zien geven, als Ze mee kwam helpen met het werk dat gedaan moest worden. Ze droeg dan bakstenen en keien op Haar hoofd of hielp met het verplaatsen van modder en zand van de ene naar de andere plek. We kunnen zoveel leren door naar Amma te kijken. Ze werkt met zo'n concentratie en vreugde. In de oude tijd, toen de tempel werd gebouwd, ging de bel niet voor cursussen, maar voor de cementseva. Toen we de ashram bouwden, zei Amma dat we al het werk zelf moesten doen, omdat we dan de bevrediging, vreugde en vervulling zouden voelen van onze hulp bij de bouw. We zouden zelfs voelen dat een deel van ons in het gebouw zou gaan; de fundering van de tempel werd zowel met liefde als met cement gebouwd. De cement zat aan onze handen, op onze kleren en in ons haar door het doorgeven van de cement-*chatti*. Soms bleef die weken zitten om ons aan deze tijd te herinneren. Maar er is altijd groot geluk als we hard voor een goed doel kunnen werken.

Amma hoeft ons niet te *zien* werken, willen we Haar genade ontvangen. Het is een automatische, kosmische wet dat de genade van de Guru naar je toe zal stromen, als je belangeloos werkt om de Guru te dienen, wanneer of waar dan ook, zelfs als het niet gezien wordt. Moeder zegt dat haar zegeningen móeten stromen naar degenen die onbaatzuchtig werken en zich inspannen, ongeacht wat voor soort mensen het zijn.

Het is zo mooi om in de loop der jaren een verandering in de mensen te zien. Bij hun eerste ontmoeting met Amma willen veel toegewijden alleen vlak bij Amma zitten en naar Haar staren. Na enige tijd ontdekken ze de gelukzaligheid van belangeloos dienen en zijn ze bereid om meer tijd niet bij Amma door te brengen om het werk te doen dat gedaan moet worden. Ze zijn even blij de kleinere taken te doen die niemand anders wil doen, als de schijnbaar belangrijkere taken rond Amma. Welk werk we ook krijgen, we moeten proberen het te gebruiken als een middel om nederig te worden, om onze shraddha te ontwikkelen en om dienstbaar aan de wereld te zijn. Als je liefde voor Amma in je hart hebt en je werk aan Haar offert, dan zul je zeker Haar genade ontvangen.

De Amritapuri ashram is volledig ontstaan uit de liefde voor Amma. Ze heeft velen van ons verantwoordelijkheden toevertrouwd die onze capaciteiten ver te boven gaan, maar door Haar genade zijn we zo gevormd en getraind dat we het werk konden doen. Het was bijvoorbeeld een bakkerszoon die hielp bij de bouw van het AIMS-ziekenhuis op land dat voorheen moeras was. Hij had geen ervaring met bouwen, maar Amma leidde hem om te helpen met het tot stand brengen van een medisch imperium.

Toen de ashram haar eigen drukkerij begon, wist de jongen die met de leiding belast was, niet hoe je zoiets moest runnen. Nu is de drukkerij actief en succesvol met het publiceren van boeken die in verschillende talen in India en over de hele wereld worden verspreid.

Amma herinnert ons eraan dat we hard moeten werken zonder dat we aan het resultaat van onze inspanningen denken. Wat nodig is, is oprechtheid. Als we eenmaal de juiste houding en bereidwilligheid hebben, wordt Amma's genade het middel dat ons in staat stelt te dienen.

Ik zoek de lege luchten af – maar nooit zie ik U.
Ik draai me hoopvol om met ingehouden adem,
maar U staat nooit achter me.
Mijn tranen zijn mijn voortdurende begeleiders -
we wachten samen in de hoop U op een dag te vinden.
Ik vraag de grassprietjes of U ooit langs bent gekomen,
maar ze hebben U nooit gezien.
Wat is het nut van mijn stem
als mijn uitroepen naar U nooit worden gehoord?
Wat is het nut van mijn ogen
als ze U nooit zullen aanschouwen?
Wat is het nut van mijn handen
als ze nooit Uw heilige voeten kunnen aanraken?
Waar woont U, mijn Geliefde,
Die mij zo wreed in de steek hebt gelaten?

Hoofdstuk 10

Inspanning en genade

"Eigen inspanning en genade zijn onderling afhankelijk.
Zonder de een is de ander niet mogelijk."

Amma

De genade van de Guru is een van de prachtigste geschenken in het leven. Spirituele zoekers streven er hard naar dit te verkrijgen, maar het wordt niet altijd even gemakkelijk verkregen. Je kunt niet precies zeggen hoe genade zich zal manifesteren, maar Amma heeft ons vele aanwijzingen gegeven hoe we het kunnen verdienen. Eerst moeten we moeite doen en alleen dan zal genade komen. Het is niet zo dat genade alleen op bepaalde tijden stroomt en niet op andere tijden. Amma verzekert ons dat Haar genade er altijd is, maar om het te voelen moeten wij ons deel doen. Ons harde werk dient als de essentiële katalysator die de genade laat stromen.

We zijn allemaal maar beginners op het spirituele pad. Zelfs nadat we vele jaren spirituele oefeningen gedaan hebben, ontdekken we dat het doel nog erg ver weg is. Het is onmogelijk realisatie te bereiken door onze eigen inspanningen, maar door de genade van de Guru kunnen we bevrijd worden. Persoonlijk geloof ik dat we, als we proberen een goed leven te leiden, door de genade van de Guru tegen het einde van ons leven het doel zullen bereiken. Niettemin moeten we enorme inspanningen doen. We kunnen niet werkloos afwachten tot het uiteindelijke moment van genade komt, maar we moeten hard werken om het waard te zijn dat de stroom van genade aan het einde naar ons toe komt. Om dat doel te bereiken moeten we iedere negatieve neiging in onszelf verbranden: boosheid, begeerte, lust, trots enz. Hoe moeilijk is het niet om er zelfs maar een te verwijderen! Toch moeten we proberen hard te werken om onze vasana's kwijt te raken en echt zuiver te worden. Dan zullen we, net zoals Amma zich aan de wereld aanbiedt, ook iets kostbaars terug kunnen geven.

Amma zegt dat we geen spirituele vooruitgang kunnen boeken zonder volharding. Alleen als we oprecht ijverig naar het doel streven, zal genade naar ons stromen. Soms zijn we bereid een beetje moeite te doen en we ontdekken dan dat we slechts een beetje genade krijgen. Maar om genade ons leven te laten vullen, zullen we gestaag moeten volharden.

In deze tijd zijn er zoveel nieuwe technische hulpmiddelen en instrumenten om tests te doen om ziektes te diagnosticeren. Willen de tests effectief werken, dan moeten de patiënten iets doen om zich erop voor te bereiden, zoals grote hoeveelheden water drinken of vasten. Evenzo kan de Guru veel voor ons doen, maar wij moeten toch ook ons deel doen.

We waren eens op een luchthaven en wilden Amma meenemen naar een lounge boven. Amma en Haar assistent gingen de lift in, maar Haar assistent vergat op de knop voor de tweede verdieping te drukken. Ze stonden lang in de lift, die niet naar boven en niet naar beneden ging, voordat ze beseften wat er aan de hand was. Het was een goed voorbeeld van hoe we spiritueel niet verder komen, tenzij we ons met volharding inspannen.

Onze voortdurende pogingen, zelfs als ze klein zijn, zullen op een dag vrucht dragen. Neem het voorbeeld van een klein plantje dat in een kleine barst in de stoep groeit. Hoewel het cement oneindig sterker lijkt dan het plantje, kan de cementen plaat op een dag volledig breken door de gestage groei van dat kleine plantje. Evenzo zal het cement van ons ego op een dag barsten. Alles wat we hoeven te doen is hard werken met geduld en discipline.

Er is een verhaaltje over Beethoven dat dit punt illustreert. Nadat hij op een avond een fantastisch pianoconcert had gegeven, verzamelden zich veel mensen rondom hem om hem te feliciteren. Onder hen was een jonge vrouw die zei: "O mijnheer, als God mij dezelfde begaafdheid die u heeft, zou hebben gegeven, zou ik zo gelukkig zijn." Beethoven antwoordde: "Mevrouw, het is geen begaafdheid of magie. Alles wat u moet doen is hard oefenen op uw piano, acht uur per dag, veertig jaar lang en dan zult u net zo goed zijn als ik."

Er is een ander voorbeeld uit het leven van Thomas Edison. Hij probeerde de gloeidraad uit in een lamp met meer dan 2000 verschillende experimenten voordat hij uiteindelijk de juiste vond. Toen een jonge verslaggever hem vroeg hoe het voelde om zo vaak te falen, antwoordde Edison: "Ik heb geen enkele keer gefaald. Het uitvinden van de gloeilamp bleek alleen een proces van 2000 stappen te zijn."

Mensen als Edison en Beethoven hadden het juiste inzicht in de waarde van hard werk. Daarom konden zij zoveel verwezenlijken in de wereld. We moeten dezelfde houding in ons leven hebben, alleen dan kunnen we slagen.

Amma zelf geeft ons altijd het volmaakte voorbeeld. Hoewel alle handelingen van Amma gemakkelijk en gracieus lijken, doet Ze enorm Haar best bij alles wat Ze doet. Ze zingt bhajans in bijna honderd verschillende talen. Hoewel Amma het soms moeilijk vindt om de woorden correct uit te spreken, streeft Ze er toch na ze te leren, omdat Ze weet hoe het het hart van Haar kinderen opent als ze Amma in hun eigen taal horen zingen.

Amma steekt zoveel energie in het leiden van de honderden instituten waarop Ze toezicht houdt, waarbij Ze persoonlijke raad voor elk instituut geeft. Amma blijft elke nacht op om alle regels en regelingen op elk gebied van management te bestuderen. Ze wil de traditie van de oude heiligen en wijzen hooghouden die door het beoefenen van onthechting en *tyaga* zo veel aan de wereld konden geven. Amma zegt dat zelfs de adem van een Mahatma de wereld in evenwicht kan houden. Moeder maakt geen aanspraak op goddelijkheid, maar werkt hard met volharding en overtuiging, waardoor Ze een voorbeeld voor ons allen stelt. Ze zegt dat we, als we een lichaam hebben, er hard naar moeten streven om er zo goed mogelijk gebruik van te maken.

Amma komt regelmatig bijeen met de directeuren van Haar hooggespecialiseerde ziekenhuis (AIMS) om hen te adviseren hoe ze het ziekenhuiscomplex goed moeten runnen. Ze lost problemen op en doet hun nieuwe ideeën aan de hand over het opzetten van de dagelijkse organisatie van de verschillende afdelingen van het ziekenhuis. Ze vertelt de directeuren van Haar scholen hoe ze hun curriculum moeten plannen en behandelt alle problemen die in Haar scholen opduiken. Ze adviseert de arbeiders die huizen voor de armen bouwen, geeft bouwkundige aanwijzingen hoe bepaalde nieuwe bouwtechnieken uitgevoerd kunnen worden en hoe de bakstenen sterker gemaakt kunnen worden. Ze vertelt de timmerlieden een paar kleine foefjes die ze nog nooit hadden gezien, hoewel deze mensen al jarenlang hun beroep uitoefenen.

Als we met Amma door India reizen, kunnen we zien hoe Amma zich inspant om aandacht te geven aan de toegewijden die met Haar op tournee zijn. Moeder heeft misschien wel vijftien uur achter elkaar darshan gegeven en helemaal niet geslapen, maar als de wagens bij een plaats voor een *chai*-stop aankomen, staat Ze erop de auto te verlaten om bij de mensen die met haar reizen te zijn. Om altijd zoveel meer te geven dan nodig is, is Amma's natuur. Haar inspanningen zijn moeiteloos, want al Haar daden komen van nature uit liefde voort. Alles wat Ze doet is om ons iets te leren of om ons gelukkig te maken.

Tijdens ons eerste bezoek aan Pondicherry was Amma Haar stem kwijt, maar Ze probeerde toch Haar gebruikelijke satsang te geven tijdens het programma. Anderen zouden iemand anders gevraagd hebben hun lezing te geven, maar Amma stond erop dat Ze zelf sprak. Met Haar gebruikelijke gevoel voor humor tikte Ze tegen de microfoon en zei met krakende stem: "Zet het geluid wat harder", suggererend dat het niet Haar stem was waarmee iets mis was, maar het volume van de microfoon. De inspanning die Ze deed was overweldigend. Gelukkig ging het tegen de bhajantijd een stuk beter en kon Ze zingen. God moet haar hebben gehoord toen Ze grappen maakte met de man van de microfoon!

Een vrouw die in de ashram woonde, belichaamde prachtig Amma's onderwijs over de noodzaak om onszelf buiten verwachting te overtreffen. Deze vrouw had twee kleine kinderen maar was niettemin altijd bereid om te helpen. Toen Amma's tournee dat jaar Chennai aandeed, hadden we veel bagage die naar Amerika gestuurd moest worden. Deze vrouw vertrok juist naar Amerika en dus vroegen we haar of ze iets mee kon nemen. Ze dacht er een tel over na en antwoordde: "Een, twee, drie, vier… Ja, ik kan vier koffers voor je meenemen!" Je kunt je indenken hoe blij ik was dit te horen!

Toen ze eenmaal haar plaats in het vliegtuig had ingenomen, kwam een stewardess naar haar toe en zei: "Het spijt me mevrouw, maar we hebben een klein probleem en we hebben u en uw kinderen moeten overboeken naar de eerste klas." Dus daar ging ze, gekleed in haar werkkleding van de ashram, en werd blij naar de voorkant van het vliegtuig gebracht. Ze voelde zich een beetje ongemakkelijk, omdat haar kleding er zo sjofel uitzag, maar niettemin genoot ze van de service in de eerste klas.

Toen ze het jaar daarop de ashram met haar echtgenoot bezocht, zei ze tegen hem: "Wel liefje, we moeten dit jaar opnieuw wat bagage voor hen meenemen." Hij aarzelde enigszins, maar uiteindelijk stemde hij ermee in. Toen ze deze keer hun plaats in het vliegtuig hadden ingenomen, kwam de stewardess naar hen toe en zei: "Het spijt me, maar er is een klein probleempje en we hebben jullie allemaal naar de business klas over moeten boeken." De vrouw wendde zich tot haar echtgenoot en zei: "Zie je nou wel? Omdat je aarzelde te helpen, krijgen we deze keer alleen maar business klas!" Aarzel dus nooit om een helpende hand toe te steken, want door je een beetje extra in te spannen, zou je wel eens van het gewone naar het Goddelijke kunnen worden overgeboekt.

Sommige mensen klagen misschien dat anderen genade hebben en zij niet, maar Amma zegt dat de genade van de Guru als de zon is die altijd op iedereen schijnt. Als we het licht niet zien, komt dat waarschijnlijk doordat we onze rolluiken dicht houden en we een bewuste poging moeten doen om ze te openen. Dan zal het licht natuurlijk binnenstromen omdat het er altijd geweest is. Als we de luiken gesloten houden, slaat het nergens op de zon de schuld te geven dat hij ons geen licht geeft. Op dezelfde wijze kunnen we de Guru niet verwijten dat hij ons geen genade schenkt. We moeten alleen het noodzakelijke besluit nemen om de luiken van ons hart te openen.

Amma zegt dat genade schuilgaat achter elke handeling die we verrichten, hoewel we er nauwelijks over nadenken en meestal onze dagelijkse handelingen als vanzelfsprekend beschouwen. Er wordt gezegd dat er meer dan drie triljoen cellen in het lichaam zijn en ze functioneren allemaal uitsluitend dankzij genade. We kunnen abusievelijk denken dat wij de doener zijn, maar zonder de genade van God kunnen we nog geen spier bewegen. Een ashrambewoonster had haar voet verstuikt en kon door haar letsel

niets meer doen. Ze kwam bij me en zei me hoe deze kwetsuur haar had doen beseffen hoe groot Gods kracht is. Ze herinnerde zich hoe Amma ons er constant op wijst dat we niets kunnen bereiken zonder genade. Pas na voortdurend moeilijke tijden en het ervaren van genade door genezing gaan we dit echt begrijpen.

Sommige mensen zeggen dat het lot alles bepaalt. Ze geloven dat alles wat in het leven gebeurt, voorbestemd is en dat ze er daarom niets aan kunnen doen om hun situatie in het leven te verbeteren. Amma vertelt ons dat dit begrip niet juist is en dat mensen die op deze manier denken, uiteindelijk meestal het spirituele pad verlaten. Als er moeilijke tijden aanbreken, dan geven ze het waarschijnlijk op en geven de schuld aan het lot in plaats van hun spirituele inspanningen te intensiveren.

In plaats van te wanhopen over ons lot moeten we altijd een positieve houding bewaren en volharden in goede daden. Zoals Amma naar voren brengt, zeggen we niet als we honger hebben: "Laat het lot me eten brengen." Als het eten komt, zeggen we niet: "Laat het lot het eten in mijn mond stoppen." We zullen het eten altijd pakken, in onze mond stoppen en het opeten. Op dezelfde manier moeten we ons niet inbeelden dat ons gebrek aan genade het resultaat van het lot is en daaraan de schuld geven. We moeten eenvoudig onze eigen wilskracht gebruiken en alles doen wat we kunnen om ons op het Goddelijke af te stemmen. De inspanning die we doen, geeft vorm aan onze bestemming. Daarom moeten we altijd proberen een krachtig, positief voornemen te hebben in alles wat we doen.

Amma geeft ons de kracht om moeilijke situaties onder ogen te zien. Onze oprechte inspanningen gecombineerd met de genade van de Guru kunnen alle negatieve omstandigheden overwinnen.

Een Europeaan die al geruime tijd volgeling was, vertelde me een ontroerend verhaal over Amma's bezoek aan Europa eerder dat jaar. Zijn vrouw had Amma tijdens een eerdere Devi Bhava in een oranje sari gezien en ze was onder de indruk van de schoonheid ervan. In München zag ze dat de sari te koop was en zei haar man dat hij die voor haar moest kopen. Hij was overweldigd door hoeveel het hem zou gaan kosten! Maar hij ging hem toch voor haar kopen en men vroeg hem: "Wilt U de bloes ook?" Hij wist dat niet en ging dus terug om het zijn vrouw te vragen. Natuurlijk wilde ze de bloes ook. Toen Amma verteld werd dat ze de sari wilde kopen, zei Amma dat ze hem slechts op één voorwaarde kon krijgen, dat ze hem moest dragen. Deze vrouw was ontsteld bij de gedachte, maar stemde ten slotte toe. Ze trok de bloes en de sari aan en maakte zich klaar om met haar man naar de darshan te gaan. Toen ze bij Amma kwamen, schonk Ze buitengewoon veel aandacht aan de vrouw en zei haar hoe prachtig ze eruit zag. Toen zei Amma: "Ik ga jullie beiden trouwen!" De man was geschokt en zei dat hij al met zijn vrouw getrouwd was. Toch stond Amma erop om de ceremonie opnieuw voor hen te doen.

Ongeveer zes maanden later stierf zijn vrouw plotseling aan een hartaanval. Toen hij haar in zijn armen hield en voelde dat ze geen polsslag meer had, zei hij tegen haar: "Ga! Blijf niet bij me!" Hij gebaarde haar geest vrij te zijn en omhoog te gaan. Omdat hij besefte dat de aard van het lichaam steeds veranderlijk is en dat de Atman eeuwigdurend is, wist hij dat het tijd voor haar was om te gaan en wilde hij haar geest niet tegenhouden. Toen hij me dit verhaal vertelde, was ik getroffen hoe verbazingwekkend het was dat hij zich op dat moment los kon maken van haar, dat hij het juiste kon doen en zijn vrouw kon laten gaan.

Hij zei dat Amma's liefde nu het gat opvulde dat voorheen door de aanwezigheid van zijn vrouw werd opgevuld. Het was echt Moeders genade dat hij zich de leringen van vergankelijkheid precies op het goede moment herinnerde. De toegewijde voelde echt dat Amma door het uitvoeren eerder dat jaar van de huwelijksceremonie waarbij zijn vrouw in het oranje gekleed was, haar sannyasa had gegeven voordat ze stierf. Amma vertelde de man later dat zijn vrouw niet opnieuw geboren hoefde te worden, omdat ze opgegaan was in de *Paramatman*. Het was zo ontroerend hem deze verhalen te horen vertellen, en om de overgave in hem te zien die hem vrede schonk door de dood van zijn vrouw.

Als er vreselijke dingen in de wereld gebeuren, zullen sommigen God de schuld geven van Zijn wreedheid. We mogen niet vergeten dat lijden niet ontstaat door wreedheid van God, maar door onze vroegere daden. Alles gebeurt volgens de wetten van karma. Amma zegt dat het leven uit slechts twee gebeurtenissen bestaat: het handelen en het ervaren van de resultaten van dat handelen. Als we verkeerde handelingen in het verleden hebben begaan, kunnen we somber achteroverzitten en ervaren wat er moet komen als resultaat van die handelingen, of we kunnen proberen nu goede daden te verrichten, zodat onze toekomst stralender zal zijn.

Amma zegt keer op keer "*kripa rakshikatte,*" of "moge genade ons beschermen." Alleen genade zal ons beschermen. Ze weet dat achter alles genade schuilt. Mensen over de hele wereld hebben Amma's genade ervaren. Ziektes zijn genezen. Velen zijn ongelukken en zelfs een voortijdige dood bespaard. De genade van de Guru is zo sterk dat het uiteindelijk het ultieme wonder in ons allen zal bewerkstelligen. Het onmogelijke wordt mogelijk alleen door de genade van de Guru. Die genade is onze enige toevlucht, en het is de enige toevlucht die we nodig hebben.

Met Uw betoverende vorm,
behoort mijn hart U altijd toe.
Wat moet ik doen, die verscheurd ben tussen twee werelden?

Kunt U deze ellendige ketenen
die me van U afhouden, niet doorklieven?
Ik verlang geen bevrijding of onsterfelijkheid,
dat kunt U aan anderen geven.

Ik verlang er slechts naar in U verloren te raken,
dronken van gelukzaligheid
door Uw vorm altijd voor me te zien.
Nooit zullen mijn ogen vermoeid raken
van het drinken van Uw schoonheid,
eeuwig nieuw in pracht en liefde,
als ieder moment voorbijgaat.

Aanvaard deze droom en maak hem waar,
want waarvoor anders was mijn geboorte bedoeld?
Ik weet dat dit de waarheid is.

Hoofdstuk 11

Onbaatzuchtigheid en nederigheid

"Jullie zijn degenen die hoog moeten zweven
in het uitgestrekte hemelgewelf van de spiritualiteit.
En om dat te doen
heb je de vleugels van onbaatzuchtigheid en liefde nodig.
De gelegenheid om anderen lief te hebben en te dienen
moet als een zeldzame gave beschouwd worden,
een zegening van God."

Amma

Er is een verhaal uit de boeddhistische traditie dat de kracht van onbaatzuchtigheid prachtig illustreert. Er was eens een koning die drie zonen had, van wie de jongste een bijzonder lief en meedogend jongetje was. Op een dag ging de koning met zijn familie picknicken en kort na hun aankomst renden de prinsen weg om in het bos te spelen. Toen ze diep het bos in waren gegaan, waren ze opgewonden om een tijgerin te zien die net bevallen was. Omdat ze enorm uitgeput was door de honger, leek het erop dat ze haar pasgeboren welpen op zou gaan eten. Het jongetje vroeg zijn broers: "Wat moet de tijgerin eten om weer op krachten te komen?"

"Vers vlees of bloed," antwoordden ze. "Maar waar kunnen we dat vinden?" vroeg hij. "Is er iemand die zijn eigen vlees en bloed wil geven om haar te voeden en het leven van haar en haar

117

baby's te redden?" Zijn broers haalden hun schouders op en gaven geen antwoord.

De jongen, die diep ontroerd was door de benarde toestand van de tijgerin en haar welpen, begon te denken: "Ik heb zo lang doelloos door de cyclus van leven en dood gezworven, leven na leven. En door mijn verlangens, boosheid en onwetendheid heb ik erg weinig gedaan om anderen te helpen. Hier is eindelijk een prachtige gelegenheid."

Hij zei zijn broers verder te gaan en dat hij hen later in zou halen. Stilletjes kroop hij terug naar de tijgerin, ging op de grond voor haar liggen en bood zichzelf als voedsel aan. De tijgerin was zo zwak dat ze niet eens haar mond open kon doen, dus zocht de jongen een scherpe stok en maakte een diepe snee in zijn eigen lichaam. Het bloed stroomde eruit en de tijgerin likte het op en daardoor werd ze sterk genoeg om haar kaken te openen en hem op te eten. Door deze buitengewone daad van zelfopoffering slaagde de jongen erin de levens van de tijgerin en haar welpen te redden.

Volgens het verhaal, dat door vele boeddhisten als waar wordt beschouwd, werd de jongen toen opnieuw geboren en maakte door de verdienste van zijn meedogende daad snel vooruitgang op de weg naar verlichting en werd uiteindelijk als Heer Boeddha geboren.

Het verhaal eindigt hier niet. De onzelfzuchtige daad van de jongen deed meer dan zijn eigen spirituele vooruitgang versnellen. Het zuiverde ook de tijgerin en haar welpen van hun karma en nam zelfs de karmische schuld weg die ze tegenover hem hadden, omdat hij hun leven had gered. Zijn meedogende offer was zo krachtig dat het een gunstige karmische band tussen hen bewerkstelligde die tot ver in de toekomst duurde.

De tijgerin en haar welpen werden uiteindelijk herboren als de eerste vijf leerlingen van Boeddha, de eerste zielen die zijn onderwijs na zijn verlichting ontvingen.

Zo groot is de kracht van onbaatzuchtig handelen. Amma probeert ons altijd te leren hoe we onbaatzuchtig moeten leven. Zoals de kaars helemaal wegsmelt om anderen licht te geven en het wierookstaafje tot as verbrandt om aan iedereen zijn geur te geven, wil Amma dat we ons leven volledig opofferen als dienstverlening aan de wereld.

Natuurlijk adviseert Ze niet om over het hek van de leeuwenkooi in de dierentuin te klimmen! Een dergelijk offer is tegenwoordig niet echt nodig. Het dagelijks leven biedt ons genoeg gelegenheden om ons ego te offeren door anderen te dienen.

Onzelfzuchtig worden kost echt niet zoveel moeite. We hoeven alleen maar anderen mensen voor te laten gaan en altijd proberen behulpzaam te zijn op alle mogelijke manieren. Als we gewoon deze basisstappen oefenen, zijn we goed op weg naar onzelfzuchtigheid. Spiritueel leven betekent niet dat we perfect mantra's in het Sanskriet moeten reciteren of uren achter elkaar in de lotushouding moeten kunnen zitten zonder te bewegen. De hele basis van een succesvol spiritueel leven is eenvoudiger, aardiger en behulpzamer worden. Als we proberen beschaafde mensen te worden en deze fundamentele alledaagse eigenschappen in ons dagelijks leven ontwikkelen, dan zullen automatisch alle nobele eigenschappen volgen.

Of je nu een gezin hebt of in een ashram woont, onbaatzuchtigheid is een eigenschap die je op het spirituele pad dient te ontwikkelen. Getrouwde mensen met een gezin zijn erg fortuinlijk, omdat ze van nature volop mogelijkheden hebben om onbaatzuchtigheid in hun gezinsleven te ontwikkelen. Als ze geluk in hun huiselijk leven willen vinden, zullen ze moeten leren eerst aan anderen te denken. Als een moeder een kind heeft, dan zal ze altijd eerst aan het kind moeten denken. Zelfs als de moeder ziek is, zal ze toch van haar eigen eten of rust afzien om voor het kind te zorgen. Mensen met een gezin ontvangen vanzelf een speciale training in het ontwikkelen van onbaatzuchtigheid. Zij moeten eenvoudigweg de lessen die ze hebben geleerd, in hun spirituele leven toepassen.

Een brahmachari van Amma had een ontroerende ervaring die de kenmerken van een onzelfzuchtige moeder liet zien. Toen hij met de trein reisde, kwam er een moeder gevolgd door haar negen kinderen zijn coupé in en ging zitten. Ze waren duidelijk erg arm en ze zag er hongerig uit. Omdat hij extra eten bij zich had, gaf hij haar daar iets van. Ze deelde alles aan haar kinderen uit en nam zelf niets. Niettemin leek ze gelukkig omdat al haar kinderen wat te eten hadden gekregen. Toen merkte hij dat de kleine baby op haar schoot met veel liefde naar haar keek. De baby hield een beetje eten in zijn hand en plotseling stak hij zijn hand omhoog en stopte het eten in de mond van zijn moeder. De brahmachari voelde dat hij de hand van God zag die de moeder door haar eigen baby eten gaf. Als we een dergelijke onbaatzuchtige liefde ontwikkelen, zal God altijd voor ons zorgen.

In het begin komen de meeste mensen naar Amma om liefde van Haar te ontvangen en krijgen ze vele omhelzingen en kussen. Uiteindelijk ontdekken de meeste toegewijden dat er meer van Haar liefde en genade naar hen stroomt als ze besluiten dat ze gevers in plaats van nemers willen worden. Echt geluk is het resultaat van onbaatzuchtigheid. Het is een kosmische wet dat we meer zullen ontvangen naarmate we meer aan anderen geven. We vinden alleen echte innerlijke rust als we eerst aan anderen denken, voordat we aan onszelf denken. Als we dit doen, zal er zoveel meer vreugde naar ons toe stromen.

Iedereen verlangt naar geluk in het leven. Als we ermee op kunnen houden om eigen pleziertjes en genietingen te zoeken en in plaats daarvan denken: "Wat kan ik voor anderen doen?" dan zal echt geluk ontstaan. Alleen als we niets terugvragen voor onze diensten, zullen we echte vreugde ontvangen. Zelfs als we spirituele principes begrijpen, is het moeilijk geluk te vinden zolang we alleen op onszelf gericht zijn. Dus moeten we ons oefenen om geluk te ervaren door anderen vreugde te brengen.

Een paar jaar geleden werden er speciale Olympische Spelen in Seattle gehouden. De deelnemers waren allemaal kinderen die lichamelijk of geestelijk gehandicapt waren. Tijdens een van de evenementen stonden er negen kinderen klaar voor de 100 meter hardlopen. Toen de wedstrijd begon, renden ze alle negen naar de finish toe. Halverwege struikelde er een jongen en viel. Hij begon te huilen. De andere acht deelnemers hoorden hem huilen en gingen langzamer lopen. Een voor een stopten ze, draaiden zich om en gingen terug om hem te helpen. Een meisje met het syndroom van Down bukte zich, kuste hem en zei: "Dit zal je beter maken." Toen omarmden ze elkaar en liepen samen naar de finish. Iedereen in het stadion sprong op en het juichen ging tien minuten door.

In plaats van te proberen liefde te vinden, moeten we proberen liefde te geven. Als we naar anderen op zoek gaan om ons liefde te geven, zullen we altijd ongelukkig zijn. Maar als we zelf zo liefdevol mogelijk tegen iedereen zijn, zullen we ons ogenblikkelijk gelukkiger voelen. Als we, in plaats van te kijken naar wat we van de wereld kunnen nemen, ons gaan afvragen: "Wat kan ik de wereld bieden?" zullen we op Amma beginnen te lijken. Want zo leidt Zij Haar leven. Zij is het volmaakte voorbeeld van onbaatzuchtigheid. Liefde stroomt uit Haar als een rivier, omdat Zij de bron is. Zij is liefde zelf. Ze probeert van niemand liefde te nemen, want Ze is altijd volledig. En omdat Ze altijd liefde geeft, moeten we wel van Haar houden.

Als we tijdens de darshan naar Amma kijken, zien we Haar stralen van uitgelaten vreugde. Terwijl Ze darshan geeft, zegt Ze dingen als: "Zorg ervoor dat de ouderen eerst komen. Regel dat iedereen water te drinken krijgt. Er is een oude man in de zaal die hulp nodig heeft om hier te komen." Ze zal altijd voor alle noden van de mensen zorgen en zal zich altijd bewust zijn van alles wat er in de zaal plaatsvindt. Amma is zich bewust van alles om zich heen, in alle richtingen, 360 graden. Wat een contrast met ons! Wij kunnen nauwelijks bevatten wat er vlak voor ons gebeurt. Als we aan iemand denken, is het meestal alleen aan onszelf. Amma denkt altijd aan iedereen behalve aan zichzelf.

Een ander uitzonderlijk attent iemand is de president van India, Dr. A.P.J. Abdul Kalam. Amma was bij hem uitgenodigd in Rashtrapati Bhavan, het presidentiële paleis in New Delhi, en een aantal van ons waren bij hem in de kamer. Hoewel hij voornamelijk met Amma sprak, had hij toch de voorkomendheid om naar iedereen te kijken. Zijn bewustzijn was bij iedereen, niet alleen bij Amma. Hij gaf ons allemaal het gevoel gerespecteerde gasten te zijn.

Toen Amma president Kalam op een andere keer bezocht, stapte Ze zonder schoenen de auto uit en ik liet deze achter omdat ik dacht dat Ze ze niet nodig had. De president begroette Amma en nadat hij een poosje met Haar gesproken had, nodigde hij Haar uit voor een wandeling in de prachtige tuinen die om het gebouw lagen. We waren verontrust bij de gedachte dat Amma op blote voeten zou lopen, maar Ze hield vol dat Ze in een dorp was opgegroeid en helemaal gewend was om op blote voeten te lopen. De president antwoordde daarop dat hij zijn schoenen ook niet zou dragen en riep uit: "Amma, ik ben ook in een dorp opgegroeid!" Terwijl ik hen samen blootsvoets tussen de bloemen en bomen zag lopen, werd ik aan het belang van eenvoud herinnerd, hoe belangrijk je ook wordt.

We moeten er allemaal naar streven nederigheid te ontwikkelen. Als we daarnaar streven, kunnen we leren ons beleefd en vriendelijk te gedragen en ons bewuster te worden van de behoeften van anderen. We moeten altijd proberen rekening te houden met de gevoelens van anderen en er voorzichtig rekening mee houden hoe onze daden hen zullen beïnvloeden.

Men zegt vaak dat de nederigheid van de Guru zo groot is, dat het moeilijk is om de Guru van de leerling te onderscheiden. Met Amma is dit zeker het geval. In augustus 2000 woonden we de Millennium Wereldvrede Topconferentie van Religieuze en Spirituele Leiders bij in de Verenigde Naties in New York. Het was een behoorlijk langdurige bedoening die bestond uit twee dagen luisteren naar verschillende toespraken. Amma's toespraak was op de tweede dag en daarna waren we blij dat onze verplichtingen voorbij waren. Na de hele dag gevast te hebben, keken we ernaar uit terug te gaan naar de luxueuze kamers die men voor ons geregeld had. Dat wil zeggen, ik keek ernaar uit. De swami's hadden allemaal de grote zaal verlaten en alleen Amma en ik zaten nog in de menigte en luisterden naar de resterende toespraken.

Omdat ik wist hoe minzaam Amma is, vermoedde ik dat Ze geen aanstalten zou maken om te vertrekken en bedacht ik een plan om te ontsnappen. Ik stond op in de hoop dat Amma een goede gehoorzame Guru zou zijn en me eenvoudig zou volgen. Maar toen ik opstond, bleef Amma zitten en luisterde aandachtig naar de toespraken. Ze klapte als iedereen klapte en leek alle toespraken in het Engels en andere talen die wij niet eens konden begrijpen, vreselijk interessant te vinden. Ze negeerde me totaal.

Ik probeerde een tweede keer op te staan en zei: "Kom Amma, we kunnen nu gaan!" Opnieuw negeerde Ze me. Ik dacht: "Wel als ik *echt* het gangpad instap dan zal Amma me *moeten* volgen." Dus pakte ik mijn tas en liep naar het gangpad, klaar om te gaan. Amma bleef geboeid luisteren naar de toespraak, die op dat moment, geloof ik, in het Koreaans was. Ze bleef me negeren. Ze wist dat het de juiste handelwijze was om naar de toespraak te luisteren, zelfs als we die niet verstonden. Ik legde me erbij neer dat ik een idioot leek na zo vaak te zijn opgestaan en te zijn gaan zitten en ging op mijn tas in het gangpad zitten wachten totdat Amma besloot dat het tijd was om te vertrekken. Toen een van de toespraken afgelopen was en Amma dacht dat het de juiste tijd was, stond Ze uiteindelijk bevallig op en ging weg. En zoals het hoorde, volgde ik.

Een ander veelzeggend incident vond plaats toen we door Washington, D.C. reisden. In Amerika was de luchthavenbeveiliging uiterst streng geworden en soms werden er mensen willekeurig uitgekozen voor een extra veiligheidscontrole. Deze dag werd Amma voor de aanvullende controle uitgekozen en begeleidde ik Haar om te vertalen.

De veiligheidsagent was een stevig uitziende vrouw die kortaf was. Amma was gaan zitten en de beambte zei Haar op te staan. Ik spreek een beetje Malayalam, maar het is niet echt vloeiend, dus dacht ik er diep over na hoe je 'sta op' beleefd kon zeggen. Wat er echter uit mijn mond kwam was het woord '*erenekke*', dat ik vaak heb horen zeggen en dat letterlijk 'ga staan!' betekent. Amma stond gehoorzaam op. Toen drong het tot me door: "Ojee, ik denk dat ik heel grof was tegen Amma," omdat deze term gewoonlijk alleen tegenover jongeren wordt gebruikt en niet iets is wat je tegen de Guru hoort te zeggen. Maar Amma was niet boos, want Zij heeft geen ego dat beledigd kan worden.

De veiligheidsbeambte beval Amma toen om op één been te staan met Haar beide armen omhoog in een ballethouding. Ik probeerde te bedenken hoe ik 'ballethouding' in het Malayalam kon zeggen en vroeg me af of Amma zelfs zou weten wat ballet was. Dus besloot ik Haar te zeggen dat Ze in een yogahouding moest staan. Amma gaf hier gracieus gevolg aan. Toen de vrouw met haar metaaldetector langs Amma's lichaam ging, werd haar houding zachter. "Ze is zoooo mooi!" riep de beambte uit. Overal waar we komen, beseffen de mensen dat er iets heel bijzonders is aan deze eenvoudige, in het wit geklede vrouw.

De rest van de groep die met Amma reisde, keek van een afstandje toe en aanvaardde de les in nederigheid die Amma gaf. Anderen zouden in Haar situatie gezegd hebben: "Weet je niet hoe belangrijk ik ben?" Maar Amma glimlachte vriendelijk en stond de vrouw geduldig toe Haar darshan op deze wijze te krijgen. Opnieuw demonstreerde Amma door Haar persoonlijke voorbeeld de goddelijke eigenschappen die we ons allen eigen moeten maken.

Amma adviseert dat we, iedere keer als we ons ego, dat belangrijk wil zijn, voelen opzwellen, alleen maar omhoog moeten kijken naar de uitgestrekte lucht of de diepblauwe zee, en zien hoe onbetekenend we hiermee vergeleken zijn. Echte grootheid wordt afgemeten aan nederigheid. In plaats van te proberen ons belangrijk te voelen moeten we proberen ons bewust te worden hoe klein we zijn in het oneindige universum. Amma zegt dat als we ons kleiner voelen dan een mier, we groter worden dan de hele schepping.

Wij mensen zijn geneigd te geloven dat onze soort de hoogste trede op de ladder van de schepping inneemt, maar we kunnen veel lessen van Moeder Natuur leren. Bomen kunnen ons heel wat over onzelfzuchtigheid leren. De kokospalm bijvoorbeeld, biedt ons elk deel van zichzelf aan. Het vlees van de kokosnoot is voedsel en de kokosmelk is een voedzame drank. In India worden de schil en de bladeren als brandhout gebruikt en van de vezels wordt touw gemaakt. De kokosbladeren worden tot matten gevlochten die gebruikt worden om daken van huizen te bedekken of er worden bezems van gemaakt. Het hout wordt gebruikt om huizen van te bouwen en omheiningen van te maken. De boom geeft zijn levenskracht volledig aan ons en verwacht er niets voor terug. Hij zal dit zelfs doen als we onze initialen in zijn bast kerven of proberen hem om te hakken. Zo'n onzelfzuchtige liefde doet ons eigen leven oneer aan.

De aarde doorstaat zoveel moeilijkheden om ons te helpen, zonder ooit te klagen. Neem bijvoorbeeld een bord rijst, spinazie, dhal en groenten. Hoeveel voedingsstoffen uit de aarde waren nodig om die rijst te laten groeien en hoeveel werk en inspanning was er nodig om die te verbouwen en te dorsen? Hoeveel druppels kostbare regen en gouden zonnestralen waren nodig om de groenten te laten groeien? Hoeveel energie kost het een koe om gras te eten, dat weken heeft gegroeid, en dat op wonderbaarlijke wijze in melk te veranderen die onze yoghurt wordt? Het universum geeft ons zoveel voor slechts één maaltijd die we in een paar minuten opeten! Denken we hier ooit over na?

Zoals Moeder Natuur offert Amma zich op om ons te leren hoe we ons leven juist moeten leiden en hoe we de wereld belangeloos kunnen dienen. Amma's leven is altijd een leven van alleen geven geweest, nooit van nemen, behalve van het nemen van de pijn en het lijden van hen die hun verdriet aan Haar offerden.

De dichter Hafiz schreef:

> *De zon zegt nooit tegen de aarde:*
> *"Je bent me wat verschuldigd."*
> *Kijk wat er gebeurt met zulke liefde.*
> *Hij verlicht de hele hemel.*

Amma schenkt de wereld en ons zoveel vreugde. Als we aan de wereld blijven geven, zal die voor ons zorgen. Voorbeelden hiervan kunnen we gemakkelijk in Amma's leven vinden. Toen Ze jong was, sliep Ze buiten op de kale grond of werd helemaal nat in de modder van de backwaters die Haar ouderlijk huis omringden. Soms gingen er maanden voorbij dat Amma overleefde door alleen een paar *tulasi*bladeren te nemen. Ze zocht nooit naar voedsel, maar Moeder Natuur gaf het Haar. Dieren brachten Haar voedsel. Een arend liet vis in Haar schoot vallen, een hond bracht Haar pakjes voedsel in zijn mond en een koe kwam zo naar Haar toe dat Zij de melk direct uit haar uiers kon drinken. Amma zei dat de papagaaien bij Haar kwamen zitten en samen met Haar tranen plengden, als Zij uren doorbracht met huilen tot God. De hele natuur sloot zich aan bij Haar zoektocht naar eenheid met het Goddelijke. Zo sterk was het mededogen van de dieren, in sterke tegenstelling tot Amma's eigen familie die dacht dat Ze gek was. Zelfs vandaag de dag vinden we zo nu en dan vreemde offers op de trap die naar Amma's kamer leidt of op de deurmat voor Haar deur. Amma zegt dat de dieren deze gaven voor Haar achterlaten.

Terwijl de natuur altijd geeft, is het helaas de aard van mensen om altijd te nemen, om meer te vragen, maar niet veel terug te geven. We hebben een enorme karmische schuld aan de natuur, aan de wereld, aan de lijdende mensen overal. De enige manier om die terug te betalen is ons best te doen om van Amma te leren, die zoveel doet om iedereen op een hoger niveau te brengen.

Wat voor ons nodig is, is bevrijding van ons zelfzuchtige ego. In de wereld van vandaag zijn onzelfzuchtige werkers nodig om de mensheid uit zijn lijden te tillen. Alleen praten over goede daden is niet genoeg. We moeten Amma's voorbeeld volgen en onze woorden in daden omzetten, zowel voor onze eigen geestesrust als voor de wereld.

Amma's leven is het volmaakte voorbeeld van onbaatzuchtigheid. We kunnen niet precies in Haar voetsporen treden, maar we kunnen in ieder geval proberen om een fractie van de onzelfzuchtigheid en volmaakte liefde die in Haar overstroomt, in ons op te nemen. Als we dat doen, zullen wij zeker op een dag ook een zegen voor de wereld worden.

We kunnen niet zeggen dat Amma's gezondheid ooit echt goed is geweest. Mensen smeken Amma vaak om te proberen zich te genezen. Amma's antwoord is dat Ze zich als een offer aan de wereld heeft gegeven. Een gift die eenmaal gegeven is, mag nooit teruggenomen worden. Hoewel Ze zoveel anderen genezen heeft, zal Amma nooit enige zorg besteden aan Haar eigen welzijn. Haar gebed is altijd geweest: "Laat me mijn laatste adem uitblazen terwijl ik iemand troost die op mijn schouder ligt." En dit zal zeker plaatsvinden.

Ik offer alles aan U,
maar mijn geest sluipt als een verrader
terug naar de wereld.

Mijn hart schreeuwt om U,
maar de wereld trekt me weg.
Wat een beklagenswaardig leven is dit.

Voordat ik U vond,
beging ik zoveel zonden.
Nu verlang ik ernaar Uw lotusvoeten vast te houden,
maar mijn zonden trekken me weg.

Ik wil verdrinken in Uw oceaan van genade,
maar ik verdrink in mijn eigen tranen.
Maya heeft zo'n sterke grip op me,
alstublieft, maak dat zij me loslaat!

Hoofdstuk 12

Onthechting

"Achter ieder goed doel
zul je iemand vinden
die alles heeft opgegeven
en zijn leven eraan gewijd heeft."

Amma

Ik vroeg Amma een keer: "Wat is echte vairagya (onthechting)?" Amma's antwoord was: "Je neus dichtknijpen als er een vieze stank komt." Ik was geschokt door Haar antwoord, omdat ik het tegenovergestelde had gedacht. Ze leek te willen zeggen dat we geen vieze stank moesten inademen, terwijl we de hele tijd denken: "Ik ben zo geweldig, ik kan deze rotte lucht verdragen." Ze zei eigenlijk dat we het onderscheidingsvermogen moeten hebben om onze neus dicht te knijpen om het inademen van vieze stank te vermijden. Amma leerde me dat echte vairagya ons de kennis biedt om de juiste handeling te verrichten op de juiste plaats en op de juiste tijd. Maar hoeveel van ons zijn zo onthecht? De meesten van ons reizen door het leven en worden daarbij heen en weer geslingerd door verlangens en gehechtheden.

Vrede komt en gaat; het blijft nooit permanent bij ons door onze voorkeur en afkeer. De oorzaak van al ons lijden zijn onze verlangens. Daarom moeten we proberen onthecht te blijven door onze geest weg te houden van de dingen waar hij op af wil stormen. Alleen als we al onze verlangens volledig transcenderen, kunnen we echt altijd gelukkig en rustig zijn. Amma is hierin geslaagd en door de kracht van Haar volledige meesterschap over het Zelf heeft Ze buitengewone dingen kunnen realiseren en de mensheid grote diensten kunnen bewijzen.

Amma laat ons zien dat de echte bron van geluk op ons wacht, niet in de wereld maar in onszelf. Als we onthechting beoefenen, kunnen we in de wereld leven, zelfs van de wereld houden, maar zonder abusievelijk te denken dat de objecten van de wereld ons innerlijke rust of voldoening zullen schenken. Door deze waarheid te beseffen kunnen we onze geest naar binnen richten en daar hopelijk rust vinden.

Amma's leven is een volmaakt voorbeeld van echte onthechting en voorziet ons altijd van lessen die we kunnen leren. Toen we in een bepaald jaar in de ashram in Bangalore aankwamen, zagen we dat er een mooie, nieuwe kamer voor Amma was gebouwd. We gingen de trap naar de kamer op, maar toen Amma het groene marmer zag dat op de trap was gebruikt, werd Ze erg boos en ging halverwege de trap zitten. Ze wilde zelfs niet naar de kamer kijken. Toen Ze gezien had hoe luxueus de trap was, had Ze het idee dat de kamer nog extravaganter was. Zelfs in India is marmer duur. Ze was woedend bij de gedachte dat er zoveel geld dat aan de armen besteed had kunnen worden, was uitgegeven om een mooie kamer voor Haar te maken die Ze maar twee dagen per jaar zou gebruiken.

Amma heeft gezegd dat we als spirituele mensen niet aan ons eigen comfort moeten denken. In plaats daarvan moeten we leren stromen als een rivier. Als een obstakel zoals de wortel van een boom het pad blokkeert, stroomt de rivier er zachtjes omheen. Zoals een rivier zijn loop kan verleggen, moeten wij leren ons aan te passen aan de uitdagingen en hindernissen in het leven. Door ons aan te passen aan ongemakkelijke situaties oefenen we ons om gelukkig te zijn met alles wat God ons verschaft, erop vertrouwend dat alles wat we echt nodig hebben en verdienen, ongevraagd naar ons toe zal komen. Als we reizen, instrueert Amma ons de mensen niet te vragen voor ons opzij te gaan, noch moeten we onze gastheer lastigvallen met extra persoonlijke verzoeken. We moeten niet meer moeilijkheden voor anderen scheppen en moeten tevreden zijn met wat we ontvangen.

Als we met Amma op de wereldtournees gaan, zijn er vaak nachten zonder slaap, omdat we om de paar dagen naar verschillende steden of landen reizen na lange nachtprogramma's. Soms hebben we de hele dag niet eens de tijd om iets te eten of te drinken. Mensen die Amma komen opzoeken, zien wat we moeten doorstaan met al het harde werken en het gebrek aan slaap en kunnen nooit begrijpen hoe we het klaarspelen. Alleen dankzij onze liefde voor Amma kunnen we dit strakke schema volgen. Liefde geeft ons de kracht om alles in het leven tot stand te brengen.

Tijdens *Amritavarsham50* kwamen er, naast honderdduizenden Indiase toegewijden, meer dan 3000 mensen uit allerlei andere landen om de conferenties en culturele evenementen ter ere van Amma's 50ste verjaardag vier dagen lang bij te wonen. Voor veel mensen was het hun eerste bezoek aan India en sommigen vonden de omstandigheden lastig, maar je kon dat nooit aan hun gezicht zien. Iedereen straalde van vreugde. Velen van ons aten of sliepen dagen achtereen nauwelijks en toch was het het hoogtepunt van ons leven. Uit liefde voor Amma konden mensen uren in de intense hitte en brandende zon zitten en waren ze blij het comfort van hun dagelijks leven op te offeren om dit speciale evenement bij te wonen. Als we kijken hoe we onze eigen verjaardag vieren, dan denken we aan het krijgen van cadeaus en hoe we op een bijzondere manier behandeld worden. Maar voor Amma was het een gelegenheid om iedereen bij elkaar te brengen om voor vrede en harmonie in de wereld te bidden.

Sommige mensen worden zo verliefd op Amma dat ze Haar over de hele wereld volgen, waarbij ze alles opgeven om de 'Hartendief' te volgen. Veel westerlingen zijn zelfs voorgoed bij Haar in India gaan wonen. In de loop der jaren heeft Amma het leven van Haar toegewijden volledig getransformeerd. Ze hadden misschien een goed betaalde baan en een luxe levensstijl, maar deze levensstijl werd zinloos vergeleken met de innerlijke rust die ze kregen door een eenvoudig leven aan de voeten van een Mahatma te leiden. Evenzo hebben veel toegewijden die niet bij Amma wonen, ervoor gekozen om hun tijd en talenten aan belangeloze dienstverlening te wijden door deel te nemen aan Amma's charitatieve activiteiten op allerlei plaatsen in de wereld. Ik heb met mijn eigen ogen gezien dat deze mensen in hun voordeel zijn veranderd door Amma's onderricht in zich op te nemen en dit in hun leven in de praktijk te brengen.

Tijdens de Zuid India tournee in 2003 bezochten we de stad Rameshwaram. Er wachtte een grote menigte om Amma's darshan te ontvangen, er waren minstens 20.000 mensen. De darshan ging 's nachts en een groot deel van de volgende dag door. Toen het programma eindelijk laat in de ochtend afgelopen was, koos Amma er onverwachts voor om per auto naar de plaats van het volgende avondprogramma te reizen, in plaats van het andere voertuig waar Ze gewoonlijk in rijdt. Ze had sinds de vroege morgen van de vorige dag niet gegeten of geslapen, hetgeen altijd moeilijk voor ons is, maar niet ongebruikelijk voor Amma. Toen we reden, liet Amma weten dat Ze een beetje honger had, dus zochten we naar iets te eten, maar het eten dat voor Haar was klaargemaakt, was in het andere voertuig en Amma zei dat Ze niet wilde dat we stopten om het te halen.

Na een tijdje stopten we bij een spoorwegovergang en verscheen er een jongeman met een vreemd soort wortel. Amma was benieuwd wat het was, dus de chauffeur vond twee roepies in zijn zak en kocht twee wortels. Het was halfgaar, erg vezelachtig en een beetje bitter, maar nadat Amma het geproefd had, besloot Ze dat dit Haar maaltijd voor die dag zou zijn. Ze gaf ons een beetje als prasad en kauwde op het restant.

Ook al was Amma de hele nacht opgebleven, Ze verlangde toch niet naar een bed om Haar hoofd op te leggen, maar was er tevreden mee in de auto te zitten. Na meer dan vierentwintig uur niet gegeten te hebben, was Ze blij met wat je voor twee roepies aan eten kon kopen. Amma kan onder alle omstandigheden gelukkig zijn, omdat Haar bron van vreugde niet van de externe wereld, maar vanuit de innerlijke wereld komt.

Vrede en geluk verwachten van de externe wereld is als het graven van een gat in de woestijn in de hoop er water te vinden om onze dorst te lessen. Zelfs als we jaren graven, zullen we waarschijnlijk nooit water vinden. Als we door een wonder wat ontdekken, zal het hoogstwaarschijnlijk zout water zijn, dat alleen onze dorst zal verergeren. Door naar Amma te komen wordt onze dorst gelest, want Ze leert ons echte tevredenheid in onszelf te vinden.

Er was eens een rijke man die al zijn geld oppotte en het alleen aan luxe uitgaf. Toen hij op een dag de deur van zijn Mercedes Benz opende, raasde er een vrachtwagen voorbij en raakte zijn auto, waarbij de deur uit zijn hengsels werd gerukt. Een politieman kwam en zag de man koken van woede, bitter klagend over de schade aan zijn kostbare auto.

"Ben je gek geworden?" vroeg de politieman. "Je bent zo bezorgd over je mooie auto dat je niet in de gaten hebt dat je linkerarm eraf is!"

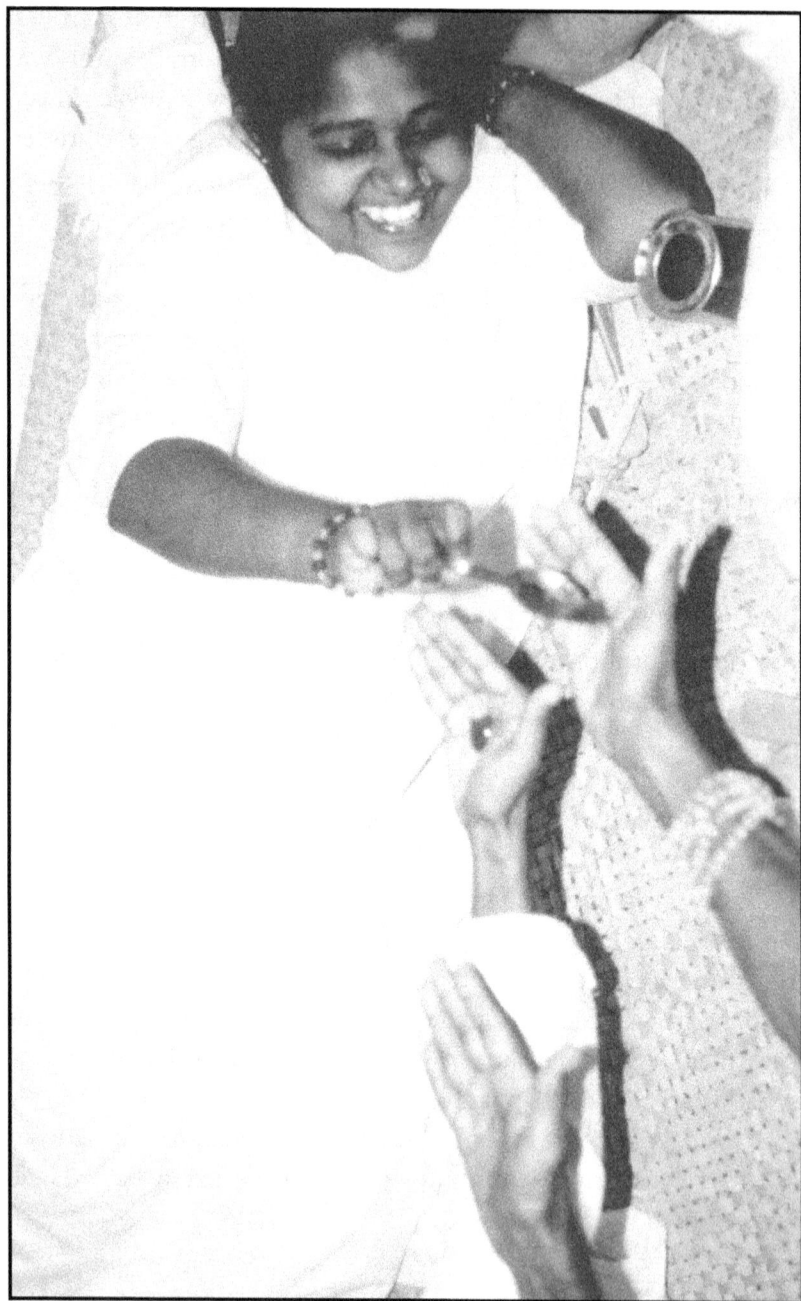

"O nee!" zei de man, terwijl hij naar beneden keek en zag dat zijn arm eraf was: "Waar is mijn Rolex?"

Als we begrijpen dat geluk niet in uiterlijke dingen of zintuiglijk genot gevonden wordt, dan zullen we zeker ophouden met het verspillen van geld aan onnodige dingen en dit geld gebruiken om de armen te helpen.

Veel jonge kinderen die rond Amma zijn opgegroeid, hebben deze belangrijke les geleerd. Dit jaar had in Europa een jonge Zwitser, die een begenadigd fluitist is, een nationale wedstrijd gewonnen. Hij kreeg een geldprijs, maar wilde deze niet houden omdat hij vond dat deze in werkelijkheid aan Amma toebehoorde. Hij voelde dat Zij het was die de fluit door hem bespeelde en hij wilde dat de geldprijs aan Haar werd gegeven om voor een goed doel te gebruiken. Amma was erg ontroerd door zijn wijsheid.

De jongere zus van deze jongen was weliswaar blij met het succes van haar broer, maar ze was verdrietig omdat ze vond dat ze Amma niets aan te bieden had. Toen ze voor darshan kwam, zei Amma haar: "Je kunt ook een instrument leren bespelen en dan kun je misschien ook een prijs winnen en het geld ook geven om de arme kinderen te helpen." Een week later gaven haar grootouders het jonge meisje op haar verjaardag wat geld voor een ijsje. In plaats van dit geld voor haar eigen plezier te gebruiken, kwam ze voor darshan en stond erop dat dit geld uitgegeven werd om anderen te helpen. Amma aanvaardde de gift en de wens van het meisje werd vervuld.

Amma zegt dat God niets van ons nodig heeft, want God is altijd volledig en compleet. Maar er zijn zoveel mensen in de wereld die vreselijk lijden en onze hulp wel nodig hebben. Als we hen dienen, winnen wij er ook bij, want als we de houding hebben om aan anderen te geven, zal het ons ruimer en meedogender maken en ons helpen spiritueel te groeien.

Van de duizenden mensen die in India elke dag bij Amma komen, is er misschien maar twintig procent in goeden doen en heeft nergens behoefte aan. De volgende dertig procent speelt het op de een of andere manier klaar genoeg te hebben voor hun basisbehoeften, maar ook niets meer. De resterende vijftig procent voert echt een strijd om te overleven. Vaak doen deze mensen het zonder eten, medische zorg en andere levensbehoeften omdat ze zo ontzettend arm zijn. Om Amma te bezoeken hebben ze misschien de kleren van andere mensen moeten lenen, omdat ze zelf niets fatsoenlijks te dragen hebben. Soms moeten vrouwen hun armbanden of oorringen verkopen om genoeg geld bij elkaar te krijgen om naar de ashram te reizen. Sommige mensen eten zelfs een of twee dagen niet om geld te sparen om Amma te kunnen bezoeken.

Toen we in onlangs Singapore waren, vroeg een journalist aan Amma wat Haar mening was over de oorzaak van alle problemen in de wereld. Amma antwoordde dat Ze dacht dat armoede de grootste vijand van de maatschappij was. Ze zei dat het een van de voornaamste redenen was dat mensen terrorist worden of aan de drugs raken of moorden plegen. Het is aan de armoede te wijten dat mensen tot stelen en prostitutie overgaan, alleen om een manier te vinden om te overleven. Amma heeft gezegd dat veel van het algemeen voorkomende sociale kwaad zal verdwijnen, als we de armoede uitroeien.

Omdat we allemaal op de een of andere manier voor ons onderhoud moeten werken, stelt Amma voor dat iedereen een half uur per dag extra werkt voor de armen, als dienstbaarheid aan de wereld. Ze zegt dat tachtig procent van alle problemen in de wereld geëlimineerd kan worden, als ieder van ons een klein deel van zijn dagelijkse verdiensten aan charitatieve instellingen geeft die de armen helpen.

Men zegt dat mensen twee grote problemen hebben. Eén ontstaat als onze verlangens niet vervuld worden, en de ander ontstaat als dat wel gebeurt. Er wordt ook gezegd dat God ons alles geeft waar we om vragen, wanneer Hij ons wil straffen. We bidden vaak om veel dingen, maar als we ze hebben, beseffen we dat we ze eigenlijk helemaal niet nodig hebben. Sommige mensen besteden hun hele leven eraan zich zorgen te maken over hun gezondheid of te streven naar een goede naam, faam en bezittingen. Mensen die deze dingen najagen, zullen ze zelden krijgen en als ze ze per ongeluk toch krijgen, zullen ze niet lang gelukkig zijn, noch enige echte innerlijke rust ervaren. Het is beter om de dingen op ons af te laten komen dan erachter aan te lopen. Wat we echt nodig hebben, krijgen we zeker van God.

Sommige mensen hebben alle luxe van de wereld, maar voelen zich nog steeds ellendig. Er zijn zelfs mensen die in paleisachtige huizen met airco wonen en uiteindelijk zelfmoord plegen. We horen zelden over mensen die het betreuren dat ze niet meer bezittingen of meer geld gehad hebben, als ze op hun sterfbed liggen. In plaats daarvan horen we over mensen die het betreuren dat ze niet meer van het leven hebben genoten en niet geleerd hebben hoe ze anderen echt lief moeten hebben.

Als we met de dood geconfronteerd worden, zal alles waar we in het leven naar verlangd hebben, plotseling onbelangrijk lijken. Amma zegt dat we ons leven proberen te verzekeren waarbij we denken dat rijkdom als zekerheid zal dienen voor het onbekende, maar we vergeten dat de dood ons op elk moment kan overvallen. We moeten deze waarheid niet vergeten en proberen een goed leven te leiden. Ons leven moet niet zijn als dat van een hond die naar zijn eigen weerspiegeling in een spiegel blaft, waarvan hij denkt dat die echt is. We moeten niet achter schaduwen aanjagen, maar moeten in onszelf keren om echte tevredenheid te vinden. Als we ons overgeven aan zintuiglijke genietingen, verspillen we onze kostbare levensenergie. Een hond die op een bot kauwt, proeft misschien zijn eigen bloed en geniet van de smaak, waarvan hij denkt dat het van het bot komt. Zo is onze zoektocht naar geluk in de uiterlijke wereld. Wat naar onze overtuiging de bron van ons geluk is, is eigenlijk een illusie die ons lijden brengt.

Niets in deze wereld is eeuwig. Als we gehecht zijn aan uiterlijke dingen, kan alleen verdriet het resultaat zijn. De les die verdriet ons leert is dat we ons tot God moeten richten. Amma zegt: "Onthechting is alleen mogelijk als er liefde is voor het hogere doel van God." We kunnen onthechting niet forceren, we kunnen alleen de goede eigenschappen proberen te ontwikkelen en de slechte zullen vanzelf verdwijnen.

❊

Neem deze ketenen weg die me binden.
Mijn hart verlangt er slechts naar
U onophoudelijk lief te hebben
maar als een verrader,
drijft mijn geest terug naar de wereld.
Ik ben hulpeloos gevangen
tussen de pijn van begoocheling en de zoete gelukzaligheid
die ik haal uit het zoeken naar Uw barmhartige vorm.
Hoeveel dagen pijn
moet ik verdragen,
voordat U me de aanraking
van Uw lotusvoeten schenkt?
Hoe lang zal deze zwakke vorm
de kwelling verdragen van U gescheiden te zijn?

❊

Hoofdstuk 13

Houding is het belangrijkst

"Krijg meer kracht om de hindernissen
die op je spirituele pad kunnen komen, het hoofd te bieden.
We kunnen niet de situaties in het leven veranderen,
maar we kunnen wel onze houding veranderen."

Amma

We hebben controle over erg weinig zaken in ons leven. We hebben geen controle over de handelingen van anderen, noch hebben we het resultaat van onze eigen handelingen onder controle. De houding waarmee we een handeling verrichten, is het enige waar we in het leven wel volledige controle over hebben. Amma zegt dat we geen controle hebben over de wind die over de oceaan waait, maar als we onze zeilen in de richting van de wind zetten, zal die ons zeker vooruit brengen.

Het leven is een mengeling van plezier en pijn; het is nooit zonder angst en verdriet. Alleen als we de verlangens in ons transcenderen, kunnen we altijd echt gelukkig en vredig zijn. Als iemand ons de ene dag prijst en ons de volgende dag bekritiseert, zijn we misschien ontdaan. Amma zegt dat we een geest moeten ontwikkelen die niet geraakt wordt door deze veranderende omstandigheden. Als spirituele zoekers moeten we leren gelijkmoedigheid en evenwichtigheid in alle situaties in het leven te hebben.

Als we kijken naar de omstandigheden in Amma's leven en hoe Ze daarmee door de jaren heen is omgegaan, kunnen we de waarheid inzien dat onze reactie op situaties in het leven onze innerlijke ervaring bepaalt. Hoewel Amma niet altijd volledig geaccepteerd werd, is Ze tegenwoordig befaamd om Haar uitgebreide humanitaire activiteiten en Haar eenvoudige liefdevolle daden die Ze tijdens de dagelijkse darshans toont. Zelfs toen Ze met tegenspoed en minachting werd geconfronteerd, raakte Amma nooit van streek.

Vele jaren geleden waren enkele dorpelingen die vlak bij de ashram woonden, erg tegen Amma. Ze begrepen helemaal niets van Amma of van spiritualiteit. Daarom waren ze vaak erg kritisch tegenover Amma en de ashram. Later begonnen ze meer van Amma's grootheid te begrijpen.

Begin september 2000 keerden we naar India terug, nadat Amma een toespraak voor de Algemene Vergadering van de Verenigde Naties in New York had gehouden. De mensen waren zo trots op Haar, omdat Ze de eerste vrouw was die in het Malayalam voor de V.N sprak. Vele kilometers lang tot aan de ashram stonden voor alle huizen brandende olielampen ter ere van Amma. De mensen die Haar eens hadden uitgescholden, vereerden Haar nu. Toch bleef Ze onaangedaan. Eerst gooiden de dorpelingen stenen naar Haar, nu gooien ze bloemen.

Op een dag begon een meisje in de ashram me te vertellen dat ze door verdriet overweldigd was. Ze zei dat ze zich zo ver weg van Amma voelde en dat ze geen relatie met Haar had. Amma gaf haar toen raad: "Je kunt naar de zon kijken en denken: 'ik wil als de zon zijn!' Maar je weet dat dit in de praktijk nooit kan gebeuren. Waarom probeer je niet tenminste op een vuurvliegje te lijken? Het is genoeg om als een vuurvlieg te zijn. We kunnen misschien niet het volle licht en de warmte van de zon over de wereld stralen, maar we kunnen in ieder geval een kleine gloed in het duister worden, een klein lichtbaken om iemands pad te verlichten."

Verdriet is een onderdeel van het leven. Het is als de vogels die in de lucht vliegen. We moeten hen gewoon laten vliegen. We moeten hen niet toestaan om een nest op ons hoofd te bouwen. We moeten niet over verdriet piekeren, noch het toestaan altijd bij ons te blijven. In plaats daarvan moeten we het loslaten. We hebben misschien het gevoel dat we in het duister zijn, maar in werkelijkheid bestaat die duisternis niet echt. Amma zegt: "Open je hart en je zult ontdekken dat er nooit enige duisternis is geweest, er is alleen licht geweest. Als we de duisternis voelen, moeten we niet vergeten dat die het licht van de dageraad in zich draagt." Amma herinnert ons er keer op keer aan dat we het licht van God zijn en dat dit licht altijd in ons is. We doen domweg onze deuren en ramen dicht en klagen dan dat het licht niet naar binnen schijnt.

Onze houding bepaalt onze ervaring van het leven en of we verdriet en pijn of geluk ervaren. Meestal neigen we ertoe te veel bezig te zijn met de problemen en moeilijkheden die we hebben, in plaats van te denken aan alle goede dingen die we gekregen hebben. Er zijn zoveel mensen die gebukt gaan onder ernstige problemen en verdriet. Als we bedenken hoeveel wij echt hebben, vooral nu we het voorrecht gehad hebben Amma te ontmoeten, zal onze ervaring van het leven in vergelijking met hun ervaring als nacht en dag zijn.

Een vrouw uit Nieuw Zeeland vertelde me hoe Amma haar op een dag een belangrijke les had geleerd. Ze probeerde om het afnemen van de tafels en het schoonmaken van de ashramkantine klaar te krijgen, nadat iedereen had gegeten. Omdat ze aan artritis leed, was ze geërgerd over het vooruitzicht nog langer met een zeurende pijn in haar heup te moeten werken. Een jong meisje dat in de ashram woonde, kwam langs. Ze was negen jaar oud en heel lief. Onlangs had ze haar pols bij een val gebroken en ze zat met haar rechterarm in het gips. Het meisje liep heel vrolijk naar de vrouw toe en vroeg haar of ze kon helpen. De vrouw keek naar haar gips en merkte op dat ze haar arm had bezeerd, toch? "Ja, maar ik heb nog een goede arm over om te helpen!" antwoordde het meisje glimlachend. Deze vrouw voelde zich volledig vernederd. Hier was een jong kind dat even grote problemen als zij had, maar toch het verlangen had om anderen te helpen.

Tegenwoordig beoefenen weinig mensen belangeloze dienstbaarheid met echte liefde en vreugde. Amma heeft vaak gezegd dat de mensen in de ashram hard werken, maar niet altijd met de juiste zienswijze. Voor de grap wordt er verteld dat er in het begin een paar meisjes naar de ashram komen met een behulpzame instelling. Ze pakken een bezem en beginnen te vegen. Maar na een tijdje verdwijnt hun behulpzame aard en in plaats van de bezem te gebruiken om te vegen, rennen ze rond om mensen ermee voor hun hoofd te slaan!

Als we mensen zien die hun werk met echte liefde en concentratie doen, dan beginnen wij ook in hun vreugde te delen. Het werkt besmettelijk. Mensen hebben me bijvoorbeeld verteld dat ze echt de liefde door zich heen voelen schijnen die de brahmacharini's voor Amma hebben als ze een *ayurvedische* massage in de *panchakarma*kliniek van de ashram krijgen. Het geven van een massage lijkt misschien geen spirituele oefening, maar alles wat we met de juiste houding doen, kan een middel worden om Amma's genade te ontvangen.

De intentie achter iedere handeling is erg belangrijk en bepaalt uiteindelijk het resultaat. Een moordenaar kan een mes gebruiken om te doden en zal aan negatief karma lijden door zijn slechte intentie. Aan de andere kant kan een dokter met een mes een operatie uitvoeren met de bedoeling het leven van een patiënt te redden. Deze intentie zal in positief karma resulteren. Hoewel het instrument en de handeling hetzelfde zijn, is de houding waarmee de handeling gedaan wordt, anders.

Omdat de houding het resultaat bepaalt, moeten we proberen onze handelingen met een juiste houding te verrichten, zodat Gods genade naar ons kan stromen.

Amma definieert spiritualiteit als de kunst die ons leert een volmaakt leven te leiden. Begrip van spirituele principes is de belangrijkste kennis die we in het leven kunnen bezitten, want spiritualiteit leert ons hoe we in deze materialistische wereld kunnen leven en hoe we ons leven kunnen besturen. Zelfs als we geloof in God hebben, kunnen onze gehechtheden onze energie toch wegnemen als we niet het juiste begrip hebben. Iemand kan een gelukkig leven leiden als hij spirituele principes begrijpt en weet dat de aard van de wereld onecht is en voortdurend verandert. Maar iemand die zich niet bewust is van de onvermijdelijke pieken en dalen in het leven, zal altijd verdriet, angst en spanning tegenkomen.

Obstakels kunnen ons sterker maken. De prachtige regenboog met zijn schitterende kleurenspectrum verschijnt alleen als er regen is. Evenzo zijn geluk en verdriet twee kanten van de medaille. Door iets slechts kan ook iets goeds gebeuren. In 2001 in Gujarat bijvoorbeeld, veroorzaakte de zware aardbeving ongelofelijk veel lijden voor de betrokken mensen, maar het maakte ook intens mededogen los in de harten van mensen uit de hele wereld die wilden helpen.

Ik herinner me hoe ik ontroerd werd door een artikel dat ik gelezen had over een groep dragers uit Gujarat in een spoorwegstation en hun meedogende reactie op de verwoesting door de aardbeving. Dragers worden vaak als gevoelloze mensen beschouwd, omdat zij in hun levensonderhoud voorzien door passagiers lastig te vallen en hun te veel te vragen voor het dragen van hun koffers. Deze groep dragers was echter anders. Tijdens de nasleep van de aardbeving legden zij hun geld bij elkaar, kookten wat eten en gaven gratis maaltijden aan degenen die op het station aankwamen. Ze openden hun hart en zorgden voor hen die leden in plaats van zich druk te maken om hun eigen persoonlijke gewin.

Veel mensen in Gujarat hadden hun huizen en geliefden door de aardbeving verloren. Toen de getroffen volgelingen voor Amma's darshan in Ahmedabad kwamen, was Ze erg met hen en hun welzijn begaan. Ze vroeg hun: "Hoe spelen jullie het klaar? Kunnen jullie dit grote verlies aan?" Ze antwoordden Haar heel rustig: "God heeft gegeven en God heeft genomen." Ze waren niet zo radeloos als we van hen zouden verwachten, maar accepteerden hun situatie.

Amma herinnert ons eraan dat de dagen snel voorbijgaan. We kunnen lachen of huilen. Is het dus niet beter om te lachen, om een positief beeld te bewaren, ongeacht wat het leven ons biedt? Toen we in Canada waren, las ik in een krant een artikel over branden die in een landbouwgebied waren voorgekomen. Van een aardappelteler die ruim tachtig jaar was, waren alle akkers en zijn voorouderlijk huis tot de grond toe afgebrand. Hij had helemaal niets meer behalve de kleren die hij droeg. Alles was volledig verbrand. Toen journalisten hem vroegen hoe hij zich voelde nadat hij alles had verloren, was zijn antwoord: "Ach, ik denk dat ik de eerste boer in de geschiedenis ben die zijn piepers heeft gekookt voordat ze zijn geoogst!" De verslaggever was verbaasd dat hij over zo'n groot verlies grappen kon maken en vroeg hem: "Hoe kunt u grappen maken over alles verliezen?" Zijn antwoord was: "Wel, of je nu lacht of huilt, de dagen vliegen voorbij, het is niet aan ons om af te vragen waarom." Dit is de benadering die we allemaal in ons spirituele leven moeten aannemen.

Ieder van ons kan zijn houding tegenover situaties in het leven kiezen. Als we hard genoeg proberen, kunnen we bijna altijd iets

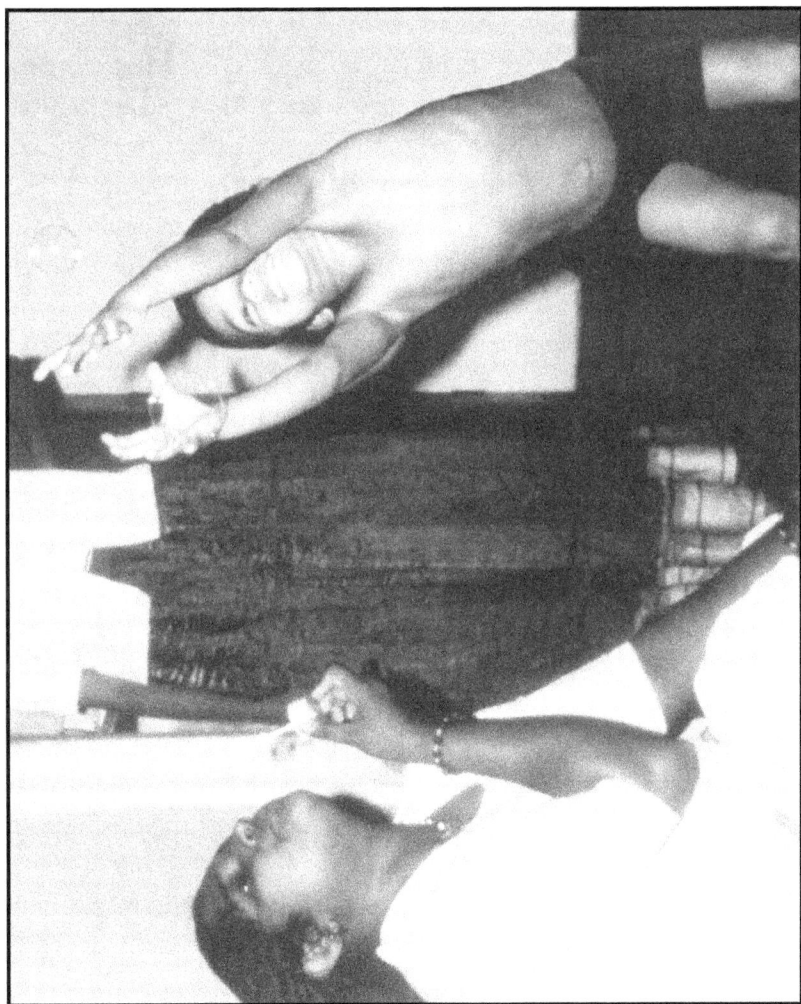

positiefs ontdekken, zelfs in iets wat het slechtst mogelijke scenario lijkt. In de concentratiekampen in Duitsland tijdens de Tweede Wereldoorlog waren er mannen van wie men zich herinnert dat ze de gammele barakken rondgingen om anderen te troosten en hun hun laatste stuk brood aan te bieden. Er waren niet veel van deze edelmoedige zielen, maar ze zullen altijd herdacht worden. Hoewel alles van hen was afgepakt, kozen deze paar mannen ervoor tot het laatst te geven, totdat ze niets meer overhadden. Door te geven konden zij de vreugde van het leven ervaren.

Het is belangrijk om een positieve instelling te hebben. We moeten onschuldig en oprecht zijn en volledig vertrouwen hebben. Als we een halfslachtige houding hebben, zullen we nooit het doel kunnen bereiken.

Er is een grappig verhaal over een vrouw en haar twee jonge jongens. De jongens wilden een bepaalde film zien. Ze smeekten hun moeder en zeiden: "Er zit maar een *klein beetje* geweld en een *klein beetje* seks in." Ze dacht erover na en besloot ze een lesje te leren over wat een klein beetje van iets teweeg kan brengen. Daarom bakte ze wat chocoladecakejes en zei hun: "Ik heb deze cakejes gemaakt en ik heb er maar een *klein beetje* hondenpoep in gedaan, maar jullie zullen er niets van proeven. Jullie zullen zelfs niet weten dat het erin zit. En als jullie er een opeten, kunnen jullie die film gaan zien." Ze walgden hier zo van dat ze de cakejes zelfs niet aanraakten. Dit verhaal laat zien hoe slechts een klein beetje negativiteit, egoïsme of onoprechtheid een groot verschil kan maken.

Als we een open hart hebben en ons voldoende inspannen, zal Gods genade tot ons komen. Op een keer tijdens de Devi Bhava in Japan zong een man in het publiek *Ishwara Tumhi* in het Japans. Amma was verrast toen Ze hem deze bhajan hoorde zingen. Iemand legde Amma uit dat deze man zesentwintig jaar lang zes dagen in de week in het Chinese restaurant van de familie had gewerkt. Al die jaren had hij maar een dag per week vrij gehad, altijd op woensdag. Hoewel hij vele jaren toegewijde van Amma was, had hij Haar nooit eerder kunnen bezoeken. Dit jaar was het programma voor de eerste keer op een woensdag en kon hij Amma eindelijk bezoeken en voor Haar te zingen. Aan het einde van het lied was hij in tranen. Amma was heel blij om hem met zoveel oprechtheid en toewijding te horen zingen.

Er kwam eens een oude man om een paar dagen in de ashram te verblijven. Iedere keer dat hij voor darshan ging, kon iedereen zien hoe liefdevol Amma hem omhelsde. Hij werd als een kind in Haar aanwezigheid, hoewel hij heel oud was. Iemand had hem twee extra witte overhemden en twee extra dhoti's gegeven. Het is traditie om iets aan de Guru aan te bieden en hij voelde zich rot omdat hij zo arm was en niets aan Amma kon geven. Hij besefte dat hij beide stellen kleren niet echt nodig had en besloot om tijdens de darshan een wit overhemd aan Amma te geven. Amma was zo blij met het overhemd dat Ze het ogenblikkelijk aantrok en het tot het einde van de darshan droeg. Iedereen ging naar de tempel om naar Amma te kijken met dit witte overhemd aan dat zo mooi bij Haar sari paste. Het was prachtig om oude de man gelukzalig achter Haar te zien zitten. Hij was in de wolken dat Amma zijn overhemd had aangetrokken. Moeder kon gewoon niet anders. Ze moest het dragen. Door naar Amma te kijken konden we duidelijk zien dat Ze de gift van een onschuldig hart onweerstaanbaar vindt.

Het is heel gemakkelijk om vredig en kalm te zijn als we met onze ogen dicht zitten. Diezelfde houding moeten we echter handhaven als we actief in de wereld zijn. Als zich moeilijke situaties voordoen, moeten we dezelfde stabiliteit hebben die we hebben als er goede dingen op ons af komen. We moeten ons onder alle omstandigheden aan kunnen passen, ons mentale evenwicht kunnen behouden, zelfs als we in veeleisende situaties zijn. Dit is de echte test om te zien hoe krachtig we op spiritueel gebied zijn geworden. Alles wat we kunnen doen is ons beste beentje voorzetten en dan de rest in de handen van God leggen.

❦

Mijn leven is in tweeën gescheurd
als een boom die door de bliksem is getroffen.
Uw liefde heeft mijn hart doorboord
en een vlam van verlangen naar U aangewakkerd.

De wrede winden van deze wereld
proberen mijn liefde uit te doven,
maar U beschermt die altijd
En voedt die met Uw mededogen.

Hoe eenzaam is dit leven,
als een treurig lied.

Ik drijf voort temidden van verdriet en begoocheling.
Hoewel velen mij omgeven,
horen ze niet bij me, noch ik bij hen.
Alleen U bent gezeten in mijn hart.

U bent zoals de zoete roos
zonder gelijke in schoonheid en geur,
maar Uw scherpe doorn
is alles wat ik kan grijpen.

❦

Hoofdstuk 14

De alwetende Moeder

"Hoe kan Amma zeggen wie en wat Zij is.
Hoe kan die Hoogste Staat worden uitgelegd?"

Amma

Vele jaren geleden kwam ik in de ashram langs een mand die in de gang op het balkon boven stond. Er zaten ongeveer dertig pakjes biscuitjes in deze mand en ik wist dat die bedoeld waren om onder de brahmachari's te verdelen. Ik dacht dat ik er vermoedelijk niets van zou krijgen, als ze eenmaal bij de brahmachari's waren. Dus dacht ik dat ik mijn deel beter op dit moment kon nemen. Ik keek om me heen om er zeker van te zijn dat er niemand naar me keek, nam een pakje, stopte het tussen mijn sari en vervolgde mijn weg. Later die middag zond Amma een van de meisjes naar me toe. Het meisje zei: "Amma vraagt of je genoeg te eten krijgt in de ashram" Ik kreeg er een aarzelend 'ja' uit maar voelde me volledig verpletterd. Amma had geweten wat ik had gedaan, hoewel Ze het niet gezien had. Ik kon dat pakje biscuitjes absoluut niet meer opeten!

Amma weet alles wat er met Haar toegewijden gebeurt. Hoewel Ze ver weg kan zijn, weet Ze toch wat er met ons gebeurt en hoe we in elke situatie reageren.

Op een dag vroeg een brahmachari aan Amma of Ze alles wat er in de wereld gaande is weet, omdat hij dacht dat dit niet mogelijk was. Deze man hield van thee, maar in de begintijd was dit verboden in de ashram en werd er alleen melkwater geserveerd. Hij vroeg aan Amma of Ze, als Zij mediteerde en hij naar het theehuis ging om thee te drinken, het dan zou weten. Amma zei dat dat beslist het geval was. Amma zegt dat Ze het beslist weet als we iets verkeerd doen, hoewel Ze het niet altijd laat zien.

Ze doet misschien zelfs alsof Ze van iemand anders heeft gehoord wat we gedaan hebben. Op deze wijze zal er een situatie ontstaan, die door Amma gecreëerd wordt of spontaan in Haar aanwezigheid opkomt, en die Haar in staat stelt om al onze vasana's naar de oppervlakte te brengen zodat ze verwijderd kunnen worden. Het kan er bijvoorbeeld op lijken dat Amma naar iedereen kijkt behalve naar ons. Maar Amma test ons misschien om te zien hoe we reageren. Zoals een ayurvedische dokter alle symptomen van een patiënt moet zien voordat hij medicijnen voorschrijft, wil Amma misschien onze neigingen zien om te weten welke sadhana Ze ons moet laten doormaken.

Amma kan ons zelfs berispen voor iets wat we niet gedaan hebben, alleen maar om te zien hoe we reageren. Hoewel Ze soms voorwendt dat Ze niets weet, laat ze ons op andere momenten duidelijk zien dat niets aan Haar aandacht ontsnapt. Wij zien alleen maar de buitenkant van de dingen, maar Amma's blik dringt door de oppervlakte heen en ziet het verleden, het heden en de toekomst van alle situaties. Ons beperkte begrip veroorzaakt misschien twijfel bij ons, maar we moeten er vertrouwen in hebben dat Amma echt weet wat Ze doet.

Als we Amma een vraag stellen, krijgen we soms een ongebruikelijk antwoord van Haar. Het lijkt dan alsof Ze niet begrijpt wat we tegen Haar gezegd hebben. Maar zelfs jaren later kunnen we plotseling de betekenis van Haar antwoord begrijpen. Op andere momenten geeft Ze misschien geen antwoord op onze vragen. Ze heeft gezegd dat het niet aan Haar is om ons altijd

alles te vertellen, dat er sommige lessen zijn die we van het leven zelf moeten leren.

Een Gerealiseerde Ziel kan nooit een vergissing begaan. Zo nu en dan lijkt het misschien dat ze het niet bij het juiste einde hebben, maar uiteindelijk ontdekken we dat ze altijd gelijk hebben. Toen we op een dag met de auto reisden, merkte iemand een lichte brandlucht op. Amma bleef volhouden dat er iets brandde in de auto, maar wij hielden allen vol dat de brandlucht van buiten kwam. Toen we de oprijlaan naar onze bestemming opdraaiden, begon er rook uit de motor te komen. Een kleine plastic buis zat vast vlak bij de accu en was gaan smelten waardoor er een brandlucht ontstond. Opnieuw had Amma gelijk. Natuurlijk, Amma heeft *altijd* gelijk!

Amma zegt dat Ze de aard van Haar Zelf heeft doorzien, wat hetzelfde is als het allesdoordringende Zelf. Ieder van ons wordt als een miniatuurversie van de macrokosmos geschapen. Daarom kunnen we alles begrijpen als we onszelf begrijpen. Maar we hebben onszelf nog niet leren begrijpen. Alleen een volmaakte Meester zoals Amma kan ons helpen het proces van het begrijpen te beginnen. Men zegt dat de Meester onze verbinding met de Absolute Waarheid wordt. Ieder levend wezen heeft de zaadjes van verlichting in zich. Als we onszelf ontdekken, zullen we alles weten.

Amma legde eens uit dat de zon alles verlicht en op iedereen schijnt. Er is niets dat de zon niet kan aanraken. Toch maakt de zon er geen aanspraak op dat hij overal schijnt. Hij doet gewoon nederig zijn taak. Op dezelfde wijze zal Amma, nederig als Ze is, nooit laten zien dat Ze alles weet, maar door onze ervaringen met Haar gaan we Haar ware grootheid begrijpen.

Op een dag in Amerika, tegen het einde van een programma, kwam er iemand naar me toe bij de boekentafel waar ik werkte. Ze had een bord chocolaatjes bij zich van het soort dat Amma tijdens de darshan als prasad aan de mensen geeft. Omdat ze dacht dat ik een verantwoordelijk persoon was, vroeg ze me de chocolaatjes een poosje voor haar te bewaren. Omdat ik altijd bereid ben om te helpen, en vooral met dit soort klusjes, stemde ik er natuurlijk mee in ze te bewaren.

Omdat we gewoon waren tijdens de darshan lang te werken en soms pas laat in de middag lunchten, hadden we vaak erge honger. Ik opende schuldbewust een chocolaatje en stopte het in mijn mond. Jeetje, wat was dat heerlijk, maar hoe kon ik het bij eentje laten? Dus opende ik er nog een of twee en stopte ze in mijn mond. Plotseling was het darshanprogramma afgelopen en maakte Amma aanstalten de hal te verlaten. In alle jaren dat Amma had gereisd, was Ze tijdens de tournees niet één keer de boekentafel komen bezoeken. Deze dag leek het er echter op dat ik Haar geïnspireerd had te komen.

Ik stond daar verbaasd toen Amma naar me toe liep en mijn borst streelde. Ze zei: "Dochter, je ziet er zo mager uit, eet je wel?" Alles wat ik kon uitbrengen was: "Mmm!" in de hoop dat ik niet een veeg chocola ergens op mijn gezicht had zitten. Amma antwoordde: "De anderen zijn allemaal aangekomen, maar jij ziet er zo mager uit." Ik kon nog steeds niets anders uitbrengen dan nogmaals: "Mmm!" terwijl de chocola in mijn mond smolt. Toen glimlachte Amma, streelde mijn borst nog een keer en liep weg.

Ik was totaal in verlegenheid gebracht. Amma weet altijd precies wanneer Ze ons kan betrappen als we niet op onze hoede zijn, en Ze ons kan laten weten dat we niets voor Haar kunnen verbergen. Deze gebeurtenis vond natuurlijk vele jaren geleden plaats en sindsdien heb ik mezelf veranderd. Het is veilig om me tegenwoordig een bord chocolaatjes toe te vertrouwen – zolang het niet voor de lunch is!

Bij een andere gelegenheid gaf Amma me weer een glimp van Haar alwetendheid. We reden in de auto na een programma in

Koeweit. Amma had een jonge dochter van Haar chauffeur met ons mee laten rijden. Dit jonge meisje dat ongeveer acht was, leek niet zo intiem met Amma als haar twee zusjes. Ze leek verlegen in vergelijking met de andere twee. Ik had haar die avond voor Amma zien zingen, achter op het podium, ver verwijderd van Amma, die vooraan darshan gaf.

Amma kroop dicht tegen haar aan in de auto. Ze kuste haar hand en zei: "Jij hebt vanavond voor Moeder gezongen. Amma zong dat lied lang geleden vaak." Toen zong Amma zachtjes het lied dat zij had gezongen: *"Govinda Madhava, Gopala Keshava, Jaya Nanda Mukunda Nanda Govinda, Radhe Gopala."*

Ik had toen gekeken en had gezien dat Amma zich geen enkele keer had omgedraaid om haar te zien zingen. Omdat er zoveel jonge meisjes hadden gezongen, vroeg ik me af hoe Ze de stem van het meisje had kunnen herkennen tussen alle andere. Het was gewoon weer een klein staaltje van Amma's Goddelijke, moederlijke genegenheid en meedogende liefde die krachtig scheen in de donkere nacht.

Reizend met Amma heb ik talloze wensen in vervulling zien gaan. Amma heeft het verbazingwekkende vermogen de diepste verlangens van ieders hart te kennen. Tijdens een programma in Santa Fe kwam er een toegewijde naar me toe met een vriend die volstrekt doof was geboren. Die dag was hij naar Amma's darshan gegaan en was ontsteld dat hij Amma in zijn oor *hoorde* spreken. Hij kon niet begrijpen hoe dit kon. De toegewijde en ik glimlachten naar elkaar in de wetenschap dat dit gewoon weer een wonder van Amma's grootheid was.

Op een andere keer vertelde een vrouw uit Iowa me hoe haar grootmoeder voor darshan was gekomen met vreselijke, chronische nekpijn. Ze vertelde Amma van haar probleem. De morgen na haar darshan ontdekte ze tot haar verbazing dat haar nekpijn volledig verdwenen was.

Een toegewijde in India vertelde me dat ze al zeven jaar aan vreselijke migraine leed en geen rijst of fruit kon eten. Toen ze naar de darshan ging, gaf Amma haar wat rijst te eten. Sindsdien zijn haar hoofdpijn en voedselallergieën volledig verdwenen en kan ze weer normaal eten. Ze voelt dat ze door Amma's genade is genezen.

Amma bezocht eens een volgeling die in het ziekenhuis voor brandwonden werd behandeld. Toen Amma hem daar zag, kuste Ze zijn handen en voeten en gaf hem wat prasad. Later huilde hij, toen hij dit verhaal aan een andere toegewijde vertelde en uitlegde dat het zijn verjaardag was en hij altijd een sterk verlangen gehad had dat Amma zijn handen zou kussen. Hij was diep ontroerd dat Zij zijn wens had vervuld.

Hoewel Amma miljoenen toegewijden over de hele wereld heeft, heeft Ze een relatie met ieder van hen. Toen we eens in München waren, vroeg Amma naar een oude vrouw die Haar in het verleden elk jaar was komen opzoeken. Ze had deze vrouw niet gezien en vroeg ons allemaal of we ons haar herinnerden of wisten waar ze was. Ik kon me de oude vrouw niet voor de geest halen en de anderen herinnerden zich haar ook niet. Maar Amma stond erop dat we zouden uitvinden wat er met deze vrouw aan de hand was, omdat Amma zei dat ze in Haar geest bleef voorkomen.

Deze oude vrouw vertelde Amma vaak dat ze helemaal alleen in de wereld was, dat er niemand anders voor haar was behalve Amma. Ieder jaar keek ze ernaar uit om Haar te zien. Amma bleef iedereen naar haar vragen, maar niemand kon Haar enige informatie over de oude vrouw geven. Ze zei dat het ons *dharma* was om uit te zoeken hoe het met haar was. Uiteindelijk ontdekten we dat deze vrouw een maand voor Amma's bezoek was gestorven. Hoewel niemand van ons zich haar herinnerde, was haar nagedachtenis stevig in Amma's hart geprent.

Als we naar de verschillende staten in India en over de hele wereld reizen, wordt Amma's satsang altijd vertaald in de plaatselijke taal. Het is heel verbazingwekkend om Amma het drama te zien opvoeren van het luisteren naar en verbeteren van de satsang, hoewel het in een andere taal is. Het ontgaat Amma nooit als de vertaler een fout maakt, hoewel Ze de taal niet kent. Iemand vroeg Amma eens of Ze alle talen begrijpt of dat Ze gewoonweg de gedachten van de mensen kon lezen. Amma antwoordde dat Haar geest Haar vertelt of iemand een fout maakt, zelfs als Ze de taal niet kent.

Amma heeft echte kennis over alles, hoewel ze maar tot de vierde klas op de lagere school heeft gezeten. Ze houdt bijvoorbeeld gesprekken met nucleaire wetenschappers en adviseert hun over verschillende aspecten van hun werk. Deze mannen hebben misschien hun hele leven gewijd aan de studie van gecompliceerde onderwerpen zoals kernfysica, wiskunde, relativiteitstheorie en kwantummechanica, maar Amma wijst ze toch op verschillende feiten die ze nooit helemaal doorgrond of begrepen hebben tijdens hun vele jaren van studie en werk in hun vakgebied. Hoewel Haar formele onderwijs maar een paar jaar heeft geduurd, komt Haar kennis heel helder en spontaan tot leven.

Wat Amma allemaal kan organiseren, op welk moment dan ook, is heel wonderbaarlijk. Stel je bijvoorbeeld de situatie voor tijdens een Devi Bhava op zondag in India. Er zijn gewoonlijk minimaal 10.000 tot 15.000 mensen die voor darshan komen. Aan het begin van de darshan is het mijn taak om de prasad aan Amma te geven, dus zit ik gewoonlijk naast Haar. De luidsprekers knallen de bhajans er zo hard uit, dat ze trillen en je moet schreeuwen om boven de muziek uit te komen. Ik moet vaak worstelen om op tijd een stukje prasad in Amma's hand te krijgen dat Ze aan iedereen geeft. Ik worstel om slechts één ding gedaan te krijgen terwijl Amma moeiteloos tien andere dingen tegelijkertijd doet.

Kun je je een rij van twintig hongerige baby's voorstellen die allemaal wachten om in Amma's schoot geduwd te worden en van Haar hun eerste vaste voedsel van zoete rijst te krijgen? Kleine baby's met een enorme longcapaciteit, die allemaal tegelijk schreeuwen en huilen, met hun kleine armpjes in het rond zwaaien en in Amma's schoot kronkelen. Amma probeert de rijst in hun mondje te stoppen en tegelijkertijd zitten de bestuurders van AIMS links van Haar met vragen over het ziekenhuis. De brahmachari's die de computerinstituten en technische scholen leiden, wachten ook om hun vragen te kunnen stellen. Tegelijkertijd hangt er over Amma's rechterschouder een jongen die Haar aandacht probeert te trekken: *"Amme! Amme!* (Haar aanstotend) *Amme! Amme!* Ik heb een lichte pijn in mijn linker elleboog. Kijk Amma, kijk. Kunt U hem voor me aanraken, Amma? Amma, raak hem aan! Amma, raak hem aan!"

Vervolgens zegt iedere derde persoon die voor darshan komt: "Mantra, Amma, ik wil een mantra." Amma geeft mantra's aan de rechterkant, die Ze in het oor van de mensen fluistert. Ze beantwoordt één voor één vragen, terwijl Ze zich ook nog tot de meisjes wendt om iemand te troosten die huilt en zegt: "Amma kijkt me nooit aan, ik denk dat Ze niet meer van me houdt."

De darshan gaat door, duizenden mensen per uur. Een westerling vraagt: "Naam, Amma, ik wil een naam." Ondertussen zegt de jongen die over Haar rechterschouder hangt: *"Amme! Amme!* Kan ik U iets te drinken brengen, Amma? Kan ik U iets te drinken brengen, Amma? Amma, de pijn is iets minder geworden, maar misschien moet U mijn arm nog een keer aanraken zodat het niet terugkomt. En misschien kunt u voor alle zekerheid de andere arm ook aanraken." Amma moet allebei zijn armen strelen voordat hij Haar met rust laat.

Amma doet dat allemaal tegelijk met volledige concentratie. Ik probeer maar één ding te doen en vind dat moeilijk.

Aan het einde van een Devi Bhava moest ik Amma op een keer een belangrijke vraag voor iemand stellen. Ze had achter elkaar door aan 15.000 mensen darshan gegeven en was de hele nacht opgebleven zonder enige slaap. Toen Devi Bhava eindelijk afgelopen was, was het halverwege de volgende ochtend. Ik was uitgeput door gebrek aan slaap, maar Amma was nog steeds fit. Ik ging naar Haar kamer en stelde de vraag. Amma gaf het antwoord en praatte vervolgens over allerlei andere onderwerpen. Ten slotte vertelde Ze me de hele geschiedenis van India vanaf de oude tijden tot vandaag. Ze was de volmaakte geschiedenislerares. Het nam ongeveer dertig minuten in beslag.

Tijdens het gesprek rekende Ze zelfs wiskundige vergelijkingen uit het hoofd uit. Ze zei: "Als we nu 680.000 door 28 delen, krijgen we 24.285 en als dit wordt vermenigvuldigd met 18 wordt dat 437.141. Nee, nee, 437.142. Dat klopt toch?" Nou, mijn hoofd tolde volledig toen ik probeerde Haar te volgen. Met geen mogelijkheid had ik die cijfers zonder rekenmachientje op kunnen tellen, maar Amma's geest is briljant.

Bij een andere gelegenheid wilde Amma enige cijfers uitgerekend hebben toen we per vliegtuig reisden. Ik had geen rekenmachientje bij me en dus schreef ik ten slotte alles op en telde vervolgens deze lange lijst cijfers op. Dit proces kostte me ongeveer tien minuten en aan het eind liet ik het Amma zien. Ze keek er een paar tellen naar en zei: "Ik denk dat je een klein foutje bij de optelling hebt gemaakt, kijk hier." Ze wees precies op de fout uit die hele bladzijde vol cijfers.

Op een avond toen we op tournee in Santa Fe waren, verbleef ik in de kamer naast Amma. Hoewel ik vaak vlak bij Amma's kamer verbleef, had ik de laatste paar jaar niet de gelegenheid gehad om bij Haar in de kamer te slapen zoals ik in de begintijd af en toe had gedaan. Plotseling kwam het in me op hoe fijn het zou zijn om naast Amma te liggen en Haar vast te houden.

De gedachte verraste me omdat ik gewoonlijk blij was om op de achtergrond te blijven en er niet vaak naar verlangde, zoals veel mensen doen, lichamelijk dicht bij Amma te zijn. Maar de gedachte ging snel voorbij en ik ging slapen.

Een paar uur later in de nacht kwam er iemand en zei me dat Amma me riep. Ik ging de kamer binnen en Amma vroeg me Haar benen te masseren. Vanwege de hoogte en het klimaat in New Mexico, deed Amma het vaak verscheidene nachten zonder slaap, zo ook deze keer. Dus masseerde ik Haar benen in de hoop dat dit Haar zou helpen te rusten. Na een poosje zei Ze tegen me: "Alleen als je naast Amma komt liggen en Haar vasthoudt, valt Amma misschien in slaap." Dit verraste me totaal, maar ik deed het en Amma viel snel in slaap.

Zelfs een vluchtig verlangen van mij had Amma zo snel vervuld. Hoe zal het wel niet zijn met de vurige gebeden van ons, die Ze waarschijnlijk veel eerder vervult.

❀

Kunt U de schreeuw van mijn benauwde hart horen?
Ziet U mijn brandende tranen niet vallen?
De wereld heeft zijn zoetheid verloren.
Ik verlang er slechts naar
de nectar van Uw meedogende vorm te drinken.
Mijn hart is verscheurd door deze onbeantwoorde liefde.
Ik wacht hier met trillend hart
in het besef dat ik niet waardig ben me aan U aan te bieden.
Wat kan deze ellendige ziel doen?
Ik verdrink in een zee van verdriet.

❀

161

Hoofdstuk 15

Levens transformeren

"Zelfs het minste wat we voor anderen doen
kan een grote transformatie in de maatschappij tot stand brengen.
We zien misschien het verschil niet direct,
maar iedere goede daad heeft zeker zijn beloning.
Zelfs een glimlach is ontzettend waardevol,
en een glimlach kost ons niets!"

Amma

Er was eens een man die de wereld wilde veranderen. Hij bad: "O Heer, geef me de energie om deze wereld te veranderen." Later, toen vele jaren verstreken waren en hij de middelbare leeftijd had bereikt, realiseerde hij zich dat hij niet genoeg kracht had om de wereld te veranderen. Hij was niet langer jong en opstandig. Dus begon hij te bidden: "O Heer, geef mij genoeg energie om mijn familie te veranderen." Zij waren veel jonger en sterker en niet geïnteresseerd in verandering. Toen begon hij te bidden: "Geef mij genoeg kracht om mezelf te veranderen." Toen pas was hij tevreden. Als we onszelf veranderen, dan volgt al het andere.

Alle grote spirituele Meesters zeggen dat geluk niet gevonden kan worden in de uiterlijke wereld, maar dat het in ons zit. Een Mahatma komt niet om de wereld te veranderen, maar om ons te inspireren om veranderingen in onszelf teweeg te brengen. Zij zullen niet al het werk voor ons doen, maar zullen de katalysator en inspiratiebron voor ons zijn om te veranderen.

We kunnen proberen iedere uiterlijkheid in ons leven te veranderen om spritueler te worden. We kunnen onze naam veranderen, naar een ander land verhuizen, ander voedsel eten of een neusring als die van Amma aandoen. We kunnen deze uiterlijke zaken veranderen, maar als onze geest hetzelfde blijft, zullen al onze problemen ons volgen, waarheen we ook gaan. Onze angsten en zorgen zullen altijd hetzelfde blijven. Uiterlijke situaties kunnen veranderd worden, maar alleen een groot Meester zoals Amma kan angsten en zorgen van ons wegnemen door ons hart te veranderen. Amma transformeert ons van binnenuit door ons te helpen met het realiseren van onze Goddelijke Natuur.

Een toegewijde vertelde me dat ze opgehouden was met het kopen van nieuwe sari's, sinds ze Amma had ontmoet. Al het geld dat ze uitgaf aan nieuwe sari's, spaart ze nu op en geeft ze aan Amma voor de armen, omdat Amma haar heeft geïnspireerd om eenvoudiger te leven.

Een vrouw uit Mysore deelde dat haar leven enorm vooruitging, nadat ze Amma's *IAM*-meditatie had geleerd. Deze vrouw, een weduwe met drie kinderen, werkte in Amma's school als veegster waarbij ze per dag twaalf uur hard werkte. Ze zei dat ze last had van een pijnlijk lichaam, astma en vermoeidheid, voordat ze de techniek leerde. Sinds ze IAM regelmatig beoefent, zijn al deze symptomen verdwenen. Ze zei dat ze zich nog wel bewust is van de problemen die in haar leven bestaan, maar ze schenkt er geen aandacht aan en maakt zich niet zoveel zorgen meer. Ze geeft haar problemen nu aan Amma over. Haar leven is vredig geworden.

De meeste mensen in de wereld zijn erg ongelukkig. Jonge mensen groeien op zonder te weten welke weg ze in hun leven moeten inslaan om vrede en tevredenheid te verkrijgen. Maar kinderen die opgroeien en Amma kennen, leren van het begin af aan goede eigenschappen te ontwikkelen. Dit was ook het geval met een Frans jongetje dat met zijn moeder meegekomen was op tournee in India. Op zevenjarige leeftijd las hij meestal zijn boeken of vermaakte zich op de een of andere manier. Tijdens een programma in Mysore zag ik hem tot mijn verrassing in de menigte water uitdelen aan de toegewijden. Hij droeg een glas en een kan met water en liep blij langs de rijen om water aan de dorstige volgelingen uit te delen, zoals de volwassen vrijwilligers die deze seva was toebedeeld. Door in de nabijheid van Amma en Haar toegewijden te zijn vormde zich in zijn jonge geest het verlangen om anderen te dienen.

Er komen veel mensen bij Amma die nooit hebben begrepen waar het om draait in het leven of waarom ze bestaan. Door hun contact met Amma zijn hun waarden en wensen in het leven omgevormd, wat hun een zinvol en gelukkig bestaan geeft.

Toen we tijdens een programma in München waren in een ruimte die vlak bij een bekend horecagebied lag, strompelde een dronkaard de zaal binnen waar hij toevallig langs kwam. Hij kon niet echt doorzien wat er aan de hand was, maar toen Amma hem darshan gaf toen Ze aan het eind van het programma vertrok, was Ze uiterst vriendelijk tegen hem. De volgende avond kwam hij weer, opgeknapt en nuchter, verlangend om nog een dosis Goddelijke Liefde van Amma te ervaren, een veel sterker brouwsel dan hij ooit tevoren had geproefd. Tegenwoordig mist hij nooit Amma's programma's in Duitsland en soms komt hij een paar maanden naar de ashram in India.

Voor sommige mensen is de reis naar Amma in India zwaar. Het klimaat en de hitte, het eten en de menigtes zijn een last voor hun lichaam. De onbekende taal, gewoontes en tradities zijn voor hen moeilijk te begrijpen. Maar ze zijn bereid om iedere ontbering te ondergaan om Amma's onvoorwaardelijke liefde nog eens te ervaren.

Een Italiaanse man van in de tachtig ging vele jaren mee met de Noord India tournees. Hij zei dat hij ze heel krachtgevend vond. Ondanks de afmattende busreizen en de lange programma's kreeg hij meer energie door de tournees, zei hij. Voor sommige jongere mensen was het vermoeiender dan voor hem, maar hij gaf zich zo volledig over aan de situaties waarin hij tijdens de tournees terechtkwam dat hij onder bijna alle omstandigheden blij en enthousiast kon zijn.

Sommige mensen begrijpen de betekenis van overgave bij het leiden van een spiritueel leven misschien verkeerd. Ze kunnen denken dat het zwakte inhoudt door blind opdrachten en regels te volgen. Maar niemand probeert een slaaf van ons te maken. In feite zijn we al een slaaf van onze eigen gehechtheden, die ons veel verdriet brengen. Als we kunnen leren hoe we onze gehechtheden over moeten geven, zal Amma ons bij iedere stap op weg naar vrijheid leiden. Voor velen is de eerste stap het leren van de kunst om los te laten, de kunst van het loslaten van onze egoïstische greep op het leven en van het geleidelijk opgeven van onze gehechtheden en verwachtingen. Om het egoïsme dat ons bindt en in slavernij houdt, uit te roeien moeten we proberen de eigenschappen van liefde en mededogen die Amma belichaamt, te ontwikkelen. Amma probeert ons te laten zien hoe we ons vrij kunnen maken, echt vrij. Het is erg moeilijk voor ons om dit alleen te doen, maar met Amma's genade is alles mogelijk.

Als wij, gewone mensen, naar elkaar kijken, neigen we ernaar alleen de lelijkheid van het ego van de ander te zien. Maar als grote heiligen zoals Amma naar ons kijken, zien ze alleen de goddelijkheid in ons. Ze zien de zuiverheid en de pracht van onze ziel, de volmaaktheid en het goddelijke potentieel dat ongebruikt in ons aanwezig is. We kijken naar elkaar en zien misschien alleen stukken steen, maar Amma ziet ons als kleine diamanten. Zoals diamanten gepolijst moeten worden om de ruwe zijden glad te maken, moeten wij ook een polijstproces ondergaan.

Het is Amma's taak om dit proces af te ronden. Ze zegt dat Ze echt niets met ons hoeft te doen. Ze zet gewoon iedereen bij elkaar en het proces vindt automatisch plaats. Het lijkt erop dat we allemaal onze maniertjes hebben om tegen elkaar aan te schuren en weerstand te scheppen. Dat is alles wat nodig is om onze scherpe kantjes eraf te schaven. Het enige wat Ze hoeft te doen is op de knop drukken om het proces te starten. En Amma weet heel goed hoe Ze op onze knoppen moet drukken!

Vaak zien we misschien geen veranderingen in onszelf, maar anderen merken de verschillen in ons op. Als we langs het strand lopen, kijken we misschien de weg af en hebben we geen idee hoeveel we afgelegd hebben, totdat we onze bestemming bereiken. Als we dan terugkijken, is het moeilijk te geloven dat we de afstand hebben afgelegd. Evenzo moeten we ernaar streven te veranderen, zelfs als we niet meteen zien wat we tot nu toe met onze inspanningen hebben bereikt.

Van sommige mensen die Amma ontmoeten, wordt het leven ogenblikkelijk getransformeerd. Andere toegewijden denken door de jaren heen langzaam aan het loslaten van de dingen in de wereld waaraan ze gehecht zijn. Sommigen keren naar huis terug na Amma's ashram in India bezocht te hebben en beseffen dat dingen die hun eerst vervulling gaven, dat niet meer doen. Misschien gaan ze niet meer naar de film of drinken ze geen alcohol meer. Ze zoeken beter gezelschap en brengen meer tijd door met andere toegewijden die de satsang bijwonen.

Bij velen is het aanvankelijk Amma's darshan die hen diep ontroert en een proces van verandering in gang zet. Een vrouw beschreef dat ze door de jaren had opgemerkt dat ze beter in haar vel was gaan zitten en gemakkelijker met mensen omging. Langzaamaan is ze dienstbaarder geworden toen ze besefte dat ze zich, op Amma's darshan na, het dichtst bij God kan voelen door onbaatzuchtig te dienen. Hoewel de veranderingen langzaam zijn gegaan, voelt ze dat ze geen andere richting in kan gaan dan een meer spiritueel leven.

Dit langzame proces van spiritueel ontwaken is duurzamer dan een plotselinge verandering. Als mensen te snel vooruitgaan, neigen ze er toe om terug te vallen in hun oude manieren omdat de vasana's te diep zitten en te moeilijk zijn om er in één keer vanaf te komen. Een jakhals kan beweren dat hij niet langer naar de maan zal huilen en kan zijn woord een hele maand houden – totdat het weer volle maan is!

Duizenden mensen zijn naar Amma gekomen, hebben Haar Goddelijke Liefde ervaren en een heel nieuwe kijk op het leven ontwikkeld. Hun leven is echt getransformeerd. In het dorp waar Amma opgroeide, waren talloze dorpelingen in de begintijd tegen de ashram, maar tegenwoordig zijn ze vurige aanhangers. Zelfs Amma's zwagers waren aanvankelijk tegen de ashram. Door echter Amma's zussen te trouwen zijn ze tot Amma's meest fervente toegewijden geworden.

Een vrouw uit Zwitserland deelde een ontroerende ervaring met me over haar ontmoeting met Amma. Ze leed aan een diepe depressie en werd uiteindelijk in een psychiatrisch ziekenhuis opgenomen. Het volgende jaar kwam ze bij Amma en nam een lange lijst met vragen mee, in de hoop dat Ze haar ziekte zou wegnemen. Amma antwoordde alleen dat ze tien minuten per dag moest mediteren. De vrouw voelde dat ze niet de kracht had dit te doen. Ze kon het ziekenhuis drie maanden later verlaten maar zonder veel hoop op herstel van haar ziekte.

Hoewel het haar duidelijk was dat Amma een Mahatma was, had ze het gevoel dat zelfs Amma haar niet kon helpen met het overwinnen van haar vreselijke depressie. Ze voelde zich door haar ziekte verdoemd, alsof ze in een gevangenis zonder uitgang zat. Haar zus vroeg Amma eens wat ze nog meer kon doen om haar te helpen. Amma antwoordde: "Zeg je zus dat ze onder Amma's bescherming staat."

Ook al was ze ziek, toch hielp ze haar negentig jaar oude moeder met het lamineren van foto's en stickers die gemaakt werden om in de boekenstal te verkopen. Geleidelijk aan begon ze enige voldoening te vinden in het feit dat ze anderen door deze onbaatzuchtige dienstverlening kon helpen.

Toen Amma het volgend jaar tijdens de tournee hun stad bezocht, vergezelde deze vrouw Haar tijdens een wandeling op het terrein van het huis van haar zus, waar Amma verbleef. Tijdens de wandeling ging Amma op een houten voetgangersbruggetje zitten om te mediteren, en deze vrouw zat bij de anderen aan de oever van de rivier. Toen ze naar het kabbelende geluid van het water luisterde, voelde ze plotseling dat de zware last op haar schouders met het water wegstroomde. De volgende avond had ze opnieuw een krachtige openbaring toen Amma vroeg in de ochtend uit de programmazaal terugkwam. Amma liep langs haar op de trap en raakte haar hand aan. Door Amma's fysieke aanraking ervoer ze in een flits dat *Amma de Echte Waarheid is.* Ze voelde diep van binnen dat ze door God werd geaccepteerd en niet veroordeeld werd zoals ze altijd gedacht had.

Deze vrouw ervoer dat Moeder van binnen uit aan haar had gewerkt. Misschien was het de daad van dienstverlening die haar de genade gaf om te genezen. Dankzij Amma's genade kon ze ophouden met het innemen van antidepressiva en is ze ervan overtuigd dat Amma's IAM meditatie haar helpt om haar innerlijke evenwicht te behouden. Ze is verlost van de ernstige depressie die zoveel jaren van haar leven met duisternis heeft gevuld. Het is alsof ze een tweede kans in het leven heeft gekregen.

Als we in Amma's aanwezigheid komen en ernaar beginnen te verlangen één met Haar te worden, komt alles in ons wat niet in harmonie met Haar Goddelijke Liefde en volmaakte zuiverheid is, vanzelf naar boven. Dan kan het of verwijderd worden of omgezet worden in iets beters. Alleen als we ons van onze zwaktes bewust worden, kunnen we er bewust aan beginnen te werken om ze te transformeren.

Amma heeft iedereen een nieuw begin gegeven. Met een levendig begrip van wat het doel van het leven echt hoort te zijn en door de kracht van Haar liefde heeft Amma ons het vooruitzicht op een zinvol leven geboden, waar ter wereld we ook mogen zijn. Zij biedt Haar eigen leven aan als het volmaakte voorbeeld van de goede eigenschappen die we na moeten streven en ons eigen moeten maken. Amma inspireert vele miljoenen over de hele wereld om de mensheid te helpen, lief te hebben en de dienen.

De veranderingen die in mensen plaatsvinden, zijn zoals de rups die zijn cocon spint. Hij blijft enige tijd ingekapseld en dan breekt hij uit zijn omhulsel als een kleurrijke vlinder die zijn schoonheid en wonder over de wereld verspreidt. Amma laat Haar kinderen een metamorfose tot zulke prachtige vlinders ondergaan. De cocon van Amma's liefde, die om ieder van ons is geweven, voedt ons en creëert een magische transformatie. Dan worden we vrijgelaten in de wereld om de schoonheid van Haar schepping te vergroten.

Kun je je de vreugde op Amma's gezicht voorstellen als Ze Haar vlinders om zich heen ziet fladderen, waarbij Haar witte sari zachtjes in de wind waait? Met een glimlach koestert Ze zich in de vreugde van het scheppen van zulke mooie vlinders om het verdriet van de wereld te verjagen en nog een verfijnd vleugje aan Haar schepping toe te voegen.

✿

Hoe verlang ik ernaar Uw schone vorm te aanschouwen,
maar zelfs door een glimp van U
moet ik mijn onzuivere ogen neerslaan.
Uw lotusogen
vol liefde en mededogen,
doen mijn slechte hart smelten.
Mijn droom van U
is alles waaraan ik me vast kan houden,
zo dichtbij,
maar toch zo ver weg.

✿

Hoofdstuk 16

Wederopbouw van lichaam, geest en ziel

"Er is altijd een goddelijke boodschap verborgen
in de ogenschijnlijk negatieve ervaringen die we meemaken.
We moeten gewoon door de oppervlakte
van een situatie heen dringen
en dan zal de boodschap onthuld worden.
Maar meestal blijven we aan de oppervlakte."

Amma

Ze noemden het Zwarte Zondag, de tweede Kerstdag in december 2004, de dag waarop de tsunami Zuidoost Azië en India trof. Levens werden veranderd. Ze zullen nooit meer hetzelfde zijn. Je kunt ingestorte huizen herbouwen, maar hoe herbouw je een verwoest leven? Hoe kan iemand ooit hetzelfde blijven, als hij machteloos vlak voor zijn ogen leven heeft zien vernietigen?

Duizenden mensen in de kustdorpen verloren hun leven. Nog veel meer mensen verloren hun huis, in feite verloren ze alles in de snel stromende vloedgolven die tegen de kust beukten. De meeste mensen die vlak bij de ashram woonden, hadden toch al weinig. Nu hadden ze niets. Veel ouders in de dorpen verloren hun kinderen. Hoewel ze hun best deden ze in hun armen te houden toen de zee aan kwam stormen, was de waterstroom te krachtig en werden hun kinderen meegesleurd. Hoe moet je opnieuw in de wereld staan, als je gezien hebt dat je eigen kinderen uit je armen worden weggesleurd? We hebben verhalen gehoord van mensen die machteloos toekeken toen één of meerdere familieleden van hen verdronken. Een man hield zijn vader vast, maar verloor zijn grip en moest toezien hoe zijn vader vlak voor zijn ogen kopje-onder ging. Hij zal nooit meer dezelfde zijn. Sommige vrouwen klagen dat ze 's nachts niet kunnen slapen, omdat het tafereel van de vloed zich weer in hun hoofd ontvouwt als ze gaan liggen om te rusten, en dat veroorzaakt vreselijke hoofdpijn. Er zijn zoveel hartverscheurende verhalen over verlies en de hele gemeenschap heeft getreurd om het wijdverbreide lijden, niet alleen hier in India maar ook in andere landen.

Amma heeft tijdens de zomertournee van 2003 gewaarschuwd dat er in 2005 grote rampen over de hele wereld konden plaatsvinden. Maar Ze zei dat we er niets aan konden doen behalve bidden. De ashram-astroloog had net de dag tevoren nog een opmerking tegen me gemaakt dat 26 december het begin van een slechte periode markeerde. Geen van ons beiden besefte dat dit veel te zwak was uitgedrukt. Zelfs tijdens het ochtendprogramma op de dag van de tsunami had Amma een onheilspellend gevoel dat er iets slechts zou gebeuren. Ze probeerde verwoed de darshan snel te beëindigen. Een brahmachari rapporteerde een vreemd fenomeen aan Haar, dat het oceaanwater zich teruggetrokken had. Amma wist dat hetgeen weggegaan was, moest terugkomen en daarom adviseerde Ze om alle voertuigen die bij de kust stonden naar het vasteland te verplaatsten. Er waren talrijke ashramvoertuigen, bussen en auto's van volgelingen, ongeveer 200, en die werden allemaal veiliggesteld door Amma's vooruitziende blik. Amma had ook opgedragen dat alles wat op de begane grond stond van het Ayurvedagebouw, dat direct aan het strand ligt, naar de hoger gelegen verdiepingen moest worden verplaatst.

Zodra Amma werd ingelicht over het stijgende water net buiten de muren van de ashram, begon Ze aanwijzingen te geven hoe we met het potentiële gevaar moesten omgaan. Ze zei dat de elektriciteit afgesloten moest worden en dat de nabijgelegen stad geïnformeerd moest worden om de transformator die het hele eiland van elektriciteit voorzag, uit te schakelen, wat ons voor elektrocutie behoedde. Weldra raasde een woeste waterstroom door de ashram, die minimaal tot aan het middel steeg en op sommige plaatsen veel hoger. Toen het water zich begon terug te trekken, waadde Amma door het donkere vloedwater. Ze overzag de situatie en begon toe te zien op de evacuatie van bezoekers, bewoners en mensen uit de omgeving die hun toevlucht in de ashram hadden gezocht.

Het AICT (Amrita Instituut voor Computer Technologie) en de Amrita Technische School aan de overkant van de backwaters werden de toevlucht voor duizenden mensen, van wie velen hun huis hadden verloren. De pas gebouwde Ayurvedische School werd een noodopvang voor die dorpelingen die een familielid misten en een ziekenhuis voor de zieken en gewonden. Bovendien fungeerden alle scholen van Amma als noodopvangplaatsen. Amma zorgde ervoor dat er eten werd uitgedeeld aan duizenden getroffen mensen en dat er een kledingdistributie werd georganiseerd voor de dorpelingen die alles hadden verloren. Amma bezocht de plaatselijke toegewijden. Ze troostte hen en beurde hen op in deze tijd van onherstelbaar verlies.

Na de vloedgolf stelde Amma de veiligheid en bescherming van Haar kinderen stap voor stap zeker, inclusief Haar dierlijke kinderen. Toen iedereen uit de ashram was geëvacueerd, verklaarde Amma nadrukkelijk dat Ze niet wilde vertrekken voordat de olifanten en koeien waren meegenomen. Bang dat het water opnieuw zou stijgen, verzekerde Ze zich ervan dat de dieren veilig vaststonden in de tempel, die een beetje op de ark van Noach begon te lijken! Later die avond, pas na middernacht, toen de koeien veilig in de tempel waren gebracht en de olifanten in anderhalf uur van de ashram over het schiereiland naar het vasteland waren gelopen, vertrok Amma.

Toen Amma aan de overkant van de backwaters aankwam, bemerkten we dat Haar lippen droog waren. Ze had de hele dag geweigerd om ook maar een slokje water te nemen. Hoe kon Ze drinken als zoveel mensen waren gestorven? Na de verwoesting liep Amma dagenlang op blote voeten. Vanaf het moment dat Ze de ashram verliet en de backwaters overstak en zelfs toen Ze bezoeken aflegde op het terrein en in de vluchtelingenkampen die bij de instituten opgezet waren, weigerde Ze Haar sandalen te dragen. Het was alsof Ze een besluit had genomen om geen schoenen te dragen als zoveel mensen leden.

In de nacht na de overstroming vertelde Amma tot de vroege morgen onvermoeibaar het verhaal van de tsunami steeds opnieuw aan alle toegewijden die de ashram opbelden en bezorgd waren om iedereen die er was. Een *brahmacharini*, die in een plaatselijke ashramschool in een andere staat woonde, zei dat ze pas tot rust kon komen nadat ze Amma de details en alle gebeurtenissen die hadden plaatsgevonden, had horen vertellen. Amma wist dit en daarom getrooste Ze zich de moeite om iedereen die bezorgd om ons was, enige gemoedsrust te geven. Zelfs per telefoon probeerde Amma anderen te op te monteren en te troosten

Toegewijden lieten tijdens de noodevacuatie zien dat zij het onderricht van Amma over onthechting en verzaking in zich op hadden genomen. Op het moment van de evacuatie hadden de meeste bezoekers en bewoners niets meer bij zich dan de kleren die ze die dag aanhadden. Geen mat om op te liggen, geen sjaal om zich 's nachts mee te bedekken, zelfs geen tandenborstel. Maar

de mensen behielpen zich blij toen ze het zonder hun normale persoonlijke bezittingen moesten stellen. Door met verdriet te denken aan degenen die alles verloren hadden was het gemakkelijker om dankbaar te zijn voor de kleren die ze droegen en de veilige, droge plaats waar ze sliepen.

Mensen van over de hele wereld openden hun hart in antwoord op het lijden dat zoveel mensen overviel. Amma's lichaam, geest en ziel huilden voor deze mensen. Ze kon niet alleen financiële en fysieke hulp bieden, maar ook hun hart en ziel troosten. Amma vroeg iedereen om mee te doen met de gebeden zowel voor de levenden als voor degenen die van deze aarde waren weggevaagd op het moment van de ramp.

Een vrouw uit Chennai vertelde ons een verhaal. Ze zei dat ze op de televisie een arme vrouw en haar zoon had gezien die honger hadden en op de voedseldistributie wachtten. Toen de vrachtauto die hun maaltijd afleverde eindelijk kwam, werden er pakjes voedsel uitgedeeld. Te zien aan het gezicht van de vrouw kwam er een smerige geur uit het pakje. Hoewel ze ontzettend veel honger hadden, kon ze niet eten toen ze het bedorven voedsel rook. Dus legde ze samen met haar zoon het pakje voedsel met tegenzin onder een boom. Er kwam een hond langs die aan het pakje rook; zelfs de hond weigerde het te eten. Dit bederf van voedsel komt vaak voor als warm eten wordt verpakt voordat het afgekoeld is.

Hulporganisaties probeerden te helpen, maar helaas stonden ze niet onder de supervisie van iemand zoals Amma, die er liefdevol voor zorgde dat het voedsel dat aan de mensen gegeven werd, niet in pakjes zat, maar vers en warm werd opgediend in enorme pannen die rechtstreeks uit de keukens kwamen. Ze wist hoe verdrietig de mensen waren, dus had Ze er echt alles voor over om ervoor te zorgen dat het soort rijst en eten waar ze van hielden, werd gekookt.

Alleen Amma kent echt het hart van degenen die verdriet hebben. Terwijl wij misschien vaak met woorden de mensen troost proberen bieden, hoeft dit geen diepgaand effect op hen te hebben. Maar één tedere aanraking van Amma, misschien zonder woorden of het plengen van een stille traan terwijl ze hen vasthoudt, is genoeg om iets van hun verdriet te verdrijven.

Moeder was zo bezorgd over de toestand van de mensen die niets hadden, dat Ze op een avond uren doorbracht met het naaien van onderjurken voor de vrouwen uit het dorp. Later heeft Ze de vrouwen naaimachines geschonken en naaicursussen aangeboden zodat ze in de toekomst iets hebben om in hun levensonderhoud te voorzien.

Hoewel de ashram geen structurele schade had geleden, was er vervuild water en modder door alle kantoren en opslagruimtes op de begane grond gestroomd. Iedereen werkte met veel liefde, enthousiasme en toewijding samen om te redden wat er te redden viel. We maakten ieder hoekje schoon, werkten hard maar waren blij dit te doen in deze tijd van nood.

Alle ashrambewoners en bezoekers hielpen ook met de hulpverlening aan de dorpelingen. Een oudere man uit Duitsland die voortdurend in de keuken werkte, zei: "Mijn enige gebed is om iets nuttigs voor anderen te kunnen doen. Ik ben alleen verdrietig dat ik nu een oude man ben en veel meer had kunnen doen als ik jonger was geweest." Indiase toegewijden zonden vrachtauto's vol kleren om aan de dorpelingen van wie de huizen waren verwoest, te doneren. Dagen achtereen werkten vrouwen samen om de bergen kleding te sorteren en op te vouwen.

Binnen vier dagen na de beslissing om de vluchtelingen van de tsunami te verplaatsen, was de tijdelijke accommodatie van de ashram bijna helemaal klaar. Bewoners en andere helpers werkten dag en nacht om deze barakken te bouwen voor de mensen die ze nodig hadden. De brahmachari die de leiding over de bouw van de barakken had, werkte onvermoeibaar door. Amma belde hem om de twee uur op, de hele nacht door om de vooruitgang te controleren. Hij was er altijd, dagen lang zijn slaap opofferend om te proberen deze gebouwen af te krijgen die zo hard nodig waren. De ashram bouwde in vijf dagen negen barakken.

Het is moeilijk de liefde waarmee Amma's toegewijden werken, te beschrijven. De houding waarmee zij hun handelingen verrichten is iets wat alleen andere toegewijden echt kunnen begrijpen. Mensen die alleen materiële pleziertjes zoeken, zullen nooit het soort liefde kennen waarmee deze vrijwilligers hun werk verrichten.

Na de tsunami ging Amma maandenlang door met het eten geven aan bijna 27.000 mensen, drie maaltijden per dag, zowel in Kerala als in Tamil Nadu. Ze stond erop dat de vluchtelingen eerst aten en dat de ashrambewoners pas daarna konden eten, in de ware geest van het anderen voor laten gaan.

Hoewel de kustdorpen in Kerala nooit meer hetzelfde zullen zijn, hebben zij de genade dat Amma vlak bij hen is, die over hen waakt en hen helpt als Ze kan. Toen een verslaggever Amma vroeg hoe Ze 18 miljoen euro kon toezeggen voor tsunamihulp in Zuid-India, antwoordde Ze: "De ashrambewoners werken dag in dag uit en ze ontvangen geen beloning voor hun werk. Ze regelen al het transport en de bouwwerkzaamheden en bedienen de bulldozers. Er zijn geen aannemers. Alle materialen – stenen, kozijnen, deuren en meubels – worden gemaakt door onze brahmachari's. We leggen de elektriciteit aan en doen al het loodgieterswerk en structurele werk. Deze bouwwerkzaamheden zijn niet nieuw voor ons. Jarenlang hebben we gratis huizen verschaft aan de armen op zevenenveertig plaatsen in India."

Amma zei vervolgens dat het allemaal dankzij het onzelfzuchtige werk van de toegewijden was dat Ze in staat was om zoveel voor elkaar te krijgen. Amma eist niets voor zichzelf op. Dat heeft Ze nooit gedaan. Vanaf het begin, bij het eerste wonder dat Ze verrichtte, verklaarde Ze dat het door de handen van andere mensen is gedaan. Zo nederig is Ze.

Na de overstroming kwamen er een paar mannen uit Gujarat om te helpen bij het werk. Ze hadden rijst en talrijke dingen voor de dorpelingen bijeen gebracht, maar ontdekten helaas dat het huren van een vrachtauto om het allemaal naar Kerala te vervoeren veel meer zou kosten dan de goederen waard waren. Daarom doneerden ze alle goederen aan de plaatselijke autoriteiten uit naam van Amma en besloten naar de ashram te reizen om te helpen. Ze vertelden Amma: "U was er voor ons toen wij hulp nodig hadden, en nu Amma's dorp verwoest is, willen wij U helpen met de wederopbouw." Amma was zeer geroerd door hun oprechte gebaar, dus zond Ze hen naar het bouwterrein om te helpen met de bouw van de tijdelijke onderkomens.

Ten tijde van de tsunami waren er meer dan 15.000 mensen bijeen in de ashram, vlak aan de kust, maar dankzij Amma's genade, raakte niet één persoon gewond. Hoewel honderdduizenden mensen door de tsunami omkwamen, overleefden er velen en hun verhalen onthullen dat alleen genade hen heeft gered.

Een Engels schoolkind was met haar familie op vakantie in Thailand en redde honderden mensen. Ze had op school net over tsunami's geleerd en wist door te kijken naar hoe de oceaan zich terugtrok, dat ze ongeveer tien minuten hadden voordat een krachtige golf het kustdorp zou treffen. Ze informeerde haar moeder hierover en het hele gebied werd geëvacueerd. Talloze levens werden gered door een klein kind.

Een vijfjarige Indonesische jongen speelde thuis toen de tsunami kwam en hem ver de oceaan in sleurde. Hij overleefde twee dagen op zee door op een matras te drijven. Hij zei dat hij niet bang was omdat hij gewend was in het water te spelen, hoewel hij het extreem koud had. Uiteindelijk pikten een paar vissers hem op, maar het was alleen genade die hem echt redde. Een man van de Nicobareilanden werd door de krachtige stroom onder water getrokken. Toen hij op het land werd teruggeworpen, realiseerde hij zich dat hij de enige persoon van het eiland was die het had overleefd. Hij leefde vijfentwintig dagen van kokosnoten totdat het leger hem redde. Mensen van andere eilanden overleefden ook op deze manier meer dan vijfenveertig dagen.

Niets gebeurt toevallig. Als natuurrampen plaatsvinden of toen bijvoorbeeld de torens van het World Trade Center instortten, is het het lot van mensen om op die tijd naar die plek getrokken te worden als het hun karma is om het lichaam te verlaten. Het lichaam mag omkomen, maar het Atman blijft altijd onverwoestbaar.

Een verslaggever vroeg Amma of de tsunami een boodschap van Moeder Natuur was. Ze antwoordde dat de natuur ons vertelt dat ze niet uitgebuit mag worden. Maar zelfs kort na een ramp doet iedereen al weer of hij slaapt, wat aantoont dat we niets van deze les hebben geleerd. Daarom zullen er misschien nog meer erge dingen gebeuren, omdat we de les die Moeder Natuur ons probeert duidelijk te maken, niet leren.

Amma zegt: "Alles wat we nu ervaren, is een gevolg van onze handelingen uit het verleden. Door goede daden te doen in het heden kunnen we de weg plaveien voor een betere toekomst. Het heeft geen zin om over het verleden te piekeren. In plaats daarvan kunnen we proberen het verdriet van degenen die achter zijn gebleven te delen. We moeten het licht van de liefde in ons hart ontsteken en de helpende hand bieden aan allen om ons heen die lijden."

Deze kleine vis zwom eens rond in de zee van begoocheling.
De golven van verdriet woedden eindeloos
door de diepe donkere wateren,
maar U bood een schuilplaats aan
temidden van de stormachtige zeeën,
een grot waar U woonde
waar ellende niet kon komen,
een toevlucht voor ons, eenzame, verloren zielen.
Ik zocht blij Uw schuilplaats
en U nam mij op met Uw liefdevolle mededogen.
Ik streef er niet langer naar
in die zee van begoocheling te zwemmen,
omdat ik weet dat de kalme, zoete toevlucht
altijd bij U wacht.

Hoofdstuk 17

Onze innerlijke kracht aanspreken

"Liefde en schoonheid zijn in jezelf.
Probeer ze in je handelingen tot uitdrukking te brengen
en je zult beslist de ware bron van gelukzaligheid vinden."

Amma

Ongeveer vijftien jaar geleden vond er een gebeurtenis plaats die helder in mijn geheugen staat gegrift. We zaten met een paar mensen in een kamer met Amma. Ze draaide zich om naar mij en begon een paar regels van een lied te zingen. Enkele brahmachari's die in de kamer waren, keerden zich om om te zien voor wie Amma zong. Omdat de ene helft glimlachte en de andere helft droevig keek, was ik heel benieuwd naar de betekenis van de woorden, dus vroeg ik het iemand.

Grofweg vertaald waren de woorden van het lied: "Omdat je als vrouw geboren werd, is het je lot om te huilen." Ik heb dit altijd onthouden. Het is de hele geschiedenis, al vanaf het prille begin van de schepping, het lot van vrouwen geweest om te lijden – ofwel door de handen van anderen ofwel door de toestand van hun eigen geest. Amma kent de pijn en het leed dat vrouwen hebben moeten doorstaan, goed. Ze heeft besloten dat er genoeg lijden voor vrouwen is geweest sinds onheuglijke tijden. Om dit lijden te boven te komen moeten we de kracht vinden die eigen is aan ons spirituele zelf, wat ons in staat zal stellen om onze innerlijke goddelijke aard volledig te verwezenlijken.

Door de jaren heen is Amma op verscheidene conferenties als spreker uitgenodigd. Het is niet Haar manier om lessen aan anderen op te leggen. Ze zegt dat de kennis uit Haar moet worden getrokken. En dus werd Amma, zoals het lot bepaalde, uitgenodigd om de spreken op het Wereldwijde Vredesinitiatief van Vrouwelijke Religieuze en Spirituele Leiders bij de Verenigde Naties in Genève, Zwitserland. Haar toespraak *Het ontwaken van Universeel Moederschap* was gebaseerd op Haar ervaringen toen ze opgroeide in een onderdrukkende maatschappij. In Haar toespraak moedigde Amma vrouwen aan om hun innerlijke kwaliteiten van mededogen, geduld en begrip te ontwikkelen en deze eigenschappen, die in iedere vrouw slapend aanwezig zijn, tot leven te brengen. Amma riep de vrouwen op om op te staan en actie te ondernemen tegen het lijden dat hun zoveel jaar is aangedaan.

Amma groeide op in een omgeving die veel wrede en strikte regels voor meisjes kende, maar Ze liet zich door deze onderdrukkende gewoontes niet beïnvloeden. Amma's moeder vertelde Haar dat de aarde zelfs de voetstap van een vrouw niet mocht voelen, en dat de muren haar niet mochten horen spreken. Als Haar familie gasten had, moesten de meisjes in hun kamer blijven, omdat ze niet door de gasten gezien of gehoord mochten worden. Ofschoon Amma groter was dan Haar jongere broer, moest Ze opstaan als hij een kamer binnenkwam.

Ondanks deze verstikkende opvoeding verminderde Amma's innerlijke kracht nooit. In feite maakten de moeilijkheden Haar sterker en ontwikkelden ze bij Haar een dieper mededogen en een groter begrip voor de wijze waarop de meeste vrouwen in de wereld leven. Ondanks de straf van Haar familie bleef Amma zich inzetten om anderen in tijden van nood te helpen. Na verloop van tijd realiseerde Haar familie zich dat Amma's innerlijke kracht niet kon worden gecompromitteerd; het was een schitterend licht dat weigerde om gedimd te worden en het verspreidde zijn licht om het lijden van de mensen rondom Haar te verlichten.

Toen Amma in Genève over Moederschap sprak, gaf Ze geen toespraak over een theoretisch begrip. Ze brengt deze eigenschap iedere minuut van Haar leven tot uitdrukking. Zelfs als kind bemoederde Ze Haar familie en buren. Mensen die Haar voor het eerst ontmoeten, vertellen ons herhaaldelijk dat ze het ontroerende effect dat Amma op hen heeft, niet kunnen verklaren en velen barsten gewoon in tranen uit. Zo groot is de kracht van Amma's Goddelijke Liefde. Amma, die slechts vier jaar lagere school heeft doorlopen, heeft het ondenkbare tot stand gebracht door eenvoudig gericht te blijven op de 'Kracht van het Moederschap.'

Een man in Amerika wilde eens een paar beweringen in Amma's toespraak aanvechten. Hij zei dat Amma slechts uit een klein dorpje kwam en in Noord India, waar hij vandaan kwam, zijn het de vrouwen die het hoofd van het huishouden zijn.

Amma keerde zich tot hem en verklaarde nadrukkelijk: "Denk je dat Amma een kleine kikkertje in een klein vijvertje is? Ze is als een grote kikker in de oceaan!" Amma vertelde de man verder dat Ze spreekt uit de ervaring dat Ze in de afgelopen dertig jaar meer dan dertig miljoen mensen gezien heeft. Meer dan de helft van hen waren vrouwen van wie Ze de tranen van verdriet heeft afgeveegd en die Ze geprobeerd heeft te troosten.

Het is echt een wonder hoe Amma talloze levens verandert door de kracht van het Moederschap. Ze laat de hele wereld zien dat het werkt, en dat mannen en vrouwen, als ze samenwerken, niet alleen de harmonie in de maatschappij zullen herstellen, maar ook hun ware identiteit als echte mensen terug zullen krijgen. Als we ons echte potentieel realiseren, zullen we zoveel meer kunnen doen dan we ooit hebben gedacht. Amma's onuitputtelijke liefde voor ons inspireert ons om de kracht te hebben om voorbij onze beperkingen te gaan en ons leven op een onzelfzuchtigere manier te gaan leiden.

Amma kent de capaciteiten die we hebben. Ze wil dat vrouwen alles zelf kunnen doen. Op een praktisch niveau wil Amma dat we op alle gebieden sterk en zelfstandig worden. In de ashram heeft Ze vrouwen gevraagd dingen over te nemen die mannen meestal deden, zoals inkopen en boekhouden. In Amma's instituten in India zijn vrouwen afdelingshoofd en schoolhoofd. Tijdens een Noord-India tournee wilde Amma dat alle vrouwen de koffers en spullen boven op de bus laadden, iets wat mannen gewoonlijk doen.

Na de tsunami zond Amma veel brahmacharini's uit om te helpen bij het schoonmaken van de huizen in de dorpen. Deze meisjes maakten lange dagen met het wegschuiven van zand en verplaatsen van rommel en puin, allemaal uit liefde voor Amma. Dagen achtereen werkten ze in de hitte om het lijden van anderen te verlichten.

Amma gaf twee meisjes de leiding over de nachtbewaking op de plaats waar de nieuwe huizen werden gebouwd op kleine afstand van de ashram. We waren hier allemaal verbaasd over, omdat we dachten dat dit werk niet geschikt was voor vrouwen. Toch hield Amma vol dat Haar meisjes zo moedig waren, dus waarom zouden ze dit werk niet doen?

Op een keer tijdens Devi Bhava zag ik een brahmacharini haar probleem aan Amma vertellen. Als antwoord op haar probleem liet Amma het meisje haar spierballen tonen en zei "Kijk! Je hebt spieren. Je kunt het!"

Vrouwen klagen soms dat het erop lijkt dat ze veel harder moeten werken dan mannen. Op een keer vroeg ik Amma hoe vrouwen hun spirituele energie verliezen, daar waar een man zijn energie verliest door het verliezen van sperma. Amma antwoordde dat een vrouw haar spirituele energie verliest door haar gedachten

en emoties. Daarom moeten vrouwen uiteindelijk meestal meer fysiek werk doen dan mannen, zodat ze hun gedachten en emoties in een positieve richting kunnen kanaliseren in plaats van hun mentale en emotionele kracht te verliezen.

Nooit eerder is er een zo groot wezen als Amma op de wereld geweest. Niemand behalve Amma heeft zoveel mensen aangeraakt en zulke buitengewone liefde en betrokkenheid getoond door Haar fysieke lichaam. Amma heeft een oneindig geduld en mededogen. Ze geeft de liefde van een moeder en dat heeft de wereld nodig. De kracht van die liefde werkt misschien langzaam, maar is groter en machtiger dan wat ook in de wereld. We hoeven geen kinderen te baren om Moederschap te begrijpen, want Amma vertelt ons dat de essentie ervan liefde is; het is een houding van de geest.

Mensen vragen vaak hoe Amma uren achter elkaar kan blijven zitten en darshan geven met zo weinig slaap en eten. Amma heeft een menselijk lichaam, maar Ze is zich niet bewust van Haar lichaam. Als ze de mensenmenigte die zo veel lijdt voor zich ziet, zegt Ze dat Ze gewoon door *moet* gaan. Ze moet iedereen ontvangen, tot de laatste persoon. Amma is tot zoveel in staat, omdat Ze enkel door de kracht van Haar geest alle lichamelijke beperkingen kan overstijgen. Ze is een voorbeeld voor ons allen, en roept ons op onze innerlijke kracht aan te boren en onze waargenomen beperkingen te overschrijden.

Amma's tourneeschema's zijn uiterst zwaar. Iedereen van ons moet een beroep op zijn innerlijke kracht doen om Haar bij te houden. Een normaal mens kan zo'n uitdagend en veeleisend schema niet alleen aan. In plaats daarvan laten we Amma door ons werken. In deze overgave ontdekken we dat we meer aankunnen dan waar we ons toe in staat achtten. De meesten onder ons voelen soms dat we tot het uiterste gedreven worden, maar dan ontdekken we dat we altijd een stukje verder kunnen. Vaak kunnen mensen niet begrijpen waarom of hoe we zoveel kunnen doen, maar wij ervaren dat we de kracht krijgen om te doen wat we moeten doen, als we handelen met liefde als basis. Voor een moeder die negen maanden een kind draagt, lijkt het gewicht van het kind soms onverdraaglijk, toch geeft de moeder door haar liefde zich over aan het dragen.

Toen we tijdens de Noord India tournee vorig jaar in Bhopal naar het avondprogramma reisden, voelde Amma zich niet goed. In feite, was Ze heel erg ziek. Ik had medicijnen voor Haar, maar Ze weigerde die in te nemen. Omdat we wisten hoe Ze zich voelde, maakten we ons er zorgen over hoe Ze de darshan kon afmaken met 100.000 mensen die op Haar wachtten. Toch ging Ze door met het geven van darshan, de hele nacht en de volgende ochtend. Amma inspireert ons steeds weer om boven onszelf uit te stijgen en verder te gaan dan de beperkingen die we denken te hebben.

Er is een beroemd verhaal over de Titanic. Toen het schip begon te zinken, haastten de mensen zich in de reddingsboten te klimmen. Eén reddingsboot had te veel mensen aan boord. Iemand riep dat de boot te vol was. Als tenminste één persoon vrijwillig overboord zou stappen, zouden ze allemaal gered worden. Eén man dook heel moedig overboord en gaf zijn leven voor de anderen. Deze dappere jongeman putte uit zijn innerlijke kracht om zijn leven voor anderen te geven. Als we ons realiseren dat Amma zich iedere dag opoffert voor de lijdende mensheid, willen we vanzelf ook ons leven in dienstbaarheid offeren.

Tijdens de Amritavarsham50 vieringen bezocht Amma AIMS om de conferentie van topmanagers die daar werd gehouden, bij te wonen. Bij de vooringang van de vergaderzaal was een uitgebreid bloemenontwerp op de grond gemaakt. Amma is meestal erg voorzichtig om deze tekeningen niet te beschadigen, maar deze dag keek Ze naar alle mensen en merkte de bloemenmandala niet op. Ze liep onoplettend over de hoek ervan en ging toen recht vooruit naar het podium.

Nadat Amma op het podium was gaan zitten, bukte Ze en trok een dikke speld uit Haar voetzool. Ze gaf de speld aan mij. Ik was geschokt en werd misselijk bij de gedachte aan de pijn in Amma's voet, omdat ik wist dat het erg pijn kan doen als we maar een klein speldenprikje krijgen, laat staan een tweeënhalve centimeter lange, dikke speld recht in onze voet. Hoewel ik helemaal van streek was toen ik aan Amma's pijn dacht, vertrok Amma geen spier. Ze ging door met het luisteren naar de toespraken van de genodigde gasten en gaf toen Haar eigen satsang.

Ik probeerde stilletjes te regelen dat Amma's schoenen en een wattenstokje met alcohol en pleister gebracht werden, zodat ik de wond heimelijk kon behandelen om infectie te voorkomen. Hoewel ik twee verschillende mensen vroeg deze dingen te regelen, kwam er niets.

Na het programma, dat een uur duurde, ging Amma naar een kleinere kamer om een paar topmanagers te ontmoeten. Ik kreeg eindelijk een wattenstokje en een pleister voor Amma en kon snel Haar voet schoonmaken. Toen ik de pleister op probeerde te doen, nam Amma deze uit mijn hand, omdat ze begonnen was met het ontvangen van de gastsprekers voor darshan. Twee keer probeerde ik de pleister van Haar terug te pakken, zodat Ze haar handen vrij had, maar Ze liet het niet toe. Amma riep toen nog eens dertig mensen voor darshan, terwijl Ze de pleister in Haar hand bleef houden. Na de darshan liep Ze door het ziekenhuis en stopte om een stervende patiënt enige tijd te bezoeken. Toen we door de zalen van het ziekenhuis liepen, stopte Amma om een paar baby's in de intensive care afdeling voor kinderen te strelen. De hele tijd liep Ze zonder schoenen.

Toen we uiteindelijk in de auto stapten om naar de plek van de verjaardagsviering terug te gaan, opende Amma Haar hand en ik zag dat Ze de pleister nog steeds had en deze daar het laatste uur had bewaard. Amma weigerde om iemand naar Haar voet te laten kijken, want Ze dacht geen enkele keer aan Haar eigen gemak. Ze was te druk met de gedachten aan de noden van honderdduizenden toegewijden.

De volgende dag besefte Amma dat Haar voet begon te ontsteken en besloot Ze antibiotica te nemen. Ze nam die op een lege maag, wat Haar ziek maakte, maar Ze bleef negentien uur lang darshan geven, waarbij ze bijna 50.000 mensen omhelsde. Amma vertelde me later dat Ze op een gegeven moment tijdens de darshan zelfs niet kon zien. Ze zei dat Haar zicht verdwenen was en de menigte eenvoudig voor Haar ogen 'zwom'. Niemand wist dit, omdat Ze gewoon uren doorging met het omhelzen van mensen.

Ik vertelde later aan de meisjes die het bloemenontwerp hadden gemaakt dat ze nooit spelden moeten gebruiken omdat dat gevaarlijk is. Ze antwoordden dat ze geen spelden hadden gebruikt. Ik dacht persoonlijk dat Amma door dit voorval alle soorten negativiteit die tijdens de verjaardag hadden moeten plaatsvinden, geabsorbeerd had, omdat de vierdaagse gebeurtenis waarbij zoveel mensen aanwezig waren, wonderbaarlijk plaatsvond zonder een enkel incident of gewonde.

Een journalist vroeg Amma eens wat het geheim van Haar succes is. Amma suggereerde dat mensen misschien datgene in Haar zien wat essentieel is voor allen, maar bij hen ontbreekt. Toen hij hierover doorvroeg, zei Amma: "Het is Liefde." Amma voegde eraan toe: "Er zijn twee soorten armoede: materiële armoede en gebrek aan liefde en mededogen. Als liefde en mededogen ontwaken, zal de materiële armoede ook verdwijnen."

Amma's mededogen en liefde geven Haar de kracht om ongelofelijke dingen te volbrengen en om miljoenen levens in de hele wereld te beïnvloeden. Mededogen is de uitdrukking van liefde en heeft het vermogen om lijden te verwijderen. Het bloeit als de vrucht van echt begrip en verschaft ons de kracht om alles voor elkaar te krijgen.

Ik smacht ernaar een lang, droevig lied voor U te zingen,
om tranen in Uw ogen te brengen en Uw hart te doen smelten,
om U slechts één traan te laten plengen,
zoals ik oceanen vol voor U heb geplengd.
Maar als de herinnering aan U in mijn gedachten komt,
vervagen alle woorden.
U die alle guna's overstijgt,
hoe moet ik U beschrijven?

Geen woorden kunnen Uw glorie bevatten,
Geen lied kan Uw schoonheid weergeven.
U hebt de schoonheid en glorie van alle dingen gestolen
en bewaart dit in Uzelf.
En U heeft mijn hart ook gestolen.
Alleen mijn tranen vallen en U blijft onbewogen.

Hoofdstuk 18

De hemel op aarde vinden

"Tevredenheid en geluk hangen uitsluitend van de geest af,
niet van uiterlijke objecten of omstandigheden.
Zowel hemel als hel worden door de geest geschapen."

Amma

Mensen denken vaak dat God alleen in de hemel bestaat, gezeten op een gouden troon, en dat we de hemel pas aan het einde van ons leven kunnen bereiken, maar Amma zegt dat dit niet waar is. We kunnen de hemel op aarde vinden, gewoon hier en nu. Het heeft te maken met de houding van onze eigen geest. We scheppen onze eigen hemel of hel. Amma wil dat we alleen de hemel ervaren.

Amma's wens voor de wereld, en moge het ook onze wens zijn, ligt besloten in de mantra *Lokah Samastah Sukhino Bhavantu* (moge de hele wereld vol vrede en geluk zijn). Amma heeft vaak herhaald dat Ze wil dat iedereen een dak boven zijn hoofd heeft. Ze gelooft dat iedereen elke dag ten minste één volledige maaltijd moet hebben. Iedereen moet 's nachts zonder angst kunnen gaan slapen. Dat is Amma's droom.

Wij verlangen misschien naar veel verschillende dingen, maar Amma's verlangens zijn volledig onzelfzuchtig en alleen voor het welzijn van de wereld. Amma heeft Haar leven altijd zoveel mogelijk eraan gewijd de mensen te zuiveren en te verheffen en hen te inspireren een goed leven te leiden. Amma is het levende voorbeeld van de eigenschappen nederigheid en mededogen, gekoppeld aan een overweldigende liefde voor dienstbaarheid aan de mensheid.

Het is ongelofelijk om de bloemen van Amma's levenstaak door de jaren heen te zien opbloeien. Overal waar we in India reizen, kunnen we de fysieke manifestatie van Haar liefde zien in de vorm van talrijke onderwijsinstellingen, ziekenhuizen, woningbouwprojecten en zoveel andere ondernemingen dat het onmogelijk is ze allemaal op te noemen.

Amma's instituten hebben de reputatie gekregen dat ze eerste klas technologie en onbaatzuchtige werkers hebben, maar Amma zal nooit de lof accepteren voor het bouwen van Haar ashram of voor alle activiteiten die in Haar naam zijn begonnen. Als Amma over deze ongelofelijke prestaties ondervraagd wordt, antwoordt Ze nederig: "Ik maak er geen aanspraak op iets gedaan te hebben. Het zijn mijn kinderen die dit allemaal mogelijk gemaakt hebben. Mijn kinderen zijn mijn rijkdom; zij zijn mijn kracht."

Amma verklaart verder dat Zij alle succes van de ashram toeschrijft aan de onthechting en onbaatzuchtige inspanning van Haar toegewijden. Ze heeft nooit tijd besteed aan het berekenen of een project haalbaar is of niet voordat Ze eraan begon. Het is de nood van de mensen die het uitgangspunt van al Haar humanitaire activiteiten vormt. Als Amma hun nood heeft gevoeld, zet Ze zich in en door Gods genade zijn de zaken altijd op hun plaats gevallen, wanneer Amma zich geïnspireerd voelde om met een project te beginnen.

Amma's organisatie is in hoge mate effectief omdat die op de vrijwillige inspanningen van Haar volgelingen gebaseerd is. Als andere organisaties geld toekennen aan hulpprojecten, gaat het meeste daarvan op aan salarissen en administratiekosten. De situatie lijkt op het gieten van olie in een reeks glazen, van het ene glas in het andere: op het laatst is er nauwelijks olie over.

Het meeste is verloren gegaan doordat het aan de kant van de glazen bleef plakken. Op deze manier blijft er van duizend roepies tien roepies over tegen de tijd dat het de mensen bereikt. Als wij daarentegen tien roepies krijgen, voegen we onze inspanningen eraan toe en vermenigvuldigt het geld zich. Dit is de kracht van onzelfzuchtig geven: iemand kan beginnen met twee cent en eindigen met een euro.

Er ontstaat een cirkel van liefde door het onbaatzuchtig geven. De cirkel is volledig als degenen die Amma's liefde op een afstand hebben ontvangen, Haar uiteindelijk ontmoeten. Dan laat Ze hen direct weten dat de liefde die ze voelen echt is, langdurig en een deel van hun eigen ware natuur. Door ons liefde te schenken maakt Amma de liefde in ons wakker.

Amma's inspiratie werkt als een goddelijke gaspedaal. Zodra het ingedrukt wordt, gaat het bijna vanzelf met enorme kracht vooruit. Het is een kracht die niet uit overheersing voorkomt, maar uit liefde. Het is het tegenovergestelde van onze dagelijkse ideeën over macht. Deze liefde is de sleutel tot onze spirituele groei en tot de veranderingen die Amma in ons kan bewerkstelligen. Alleen in onbaatzuchtige liefde vinden we genoeg moed en geduld om ons door moeilijke tijden te leiden.

Tegenover elk individu dat direct door Amma's liefde wordt geraakt, zijn er nog veel meer die de zegening van die aanraking ontvangen. Amma inspireert heel gewone mensen om buitengewone dingen te doen. Hun enthousiasme is niet alleen het verrichten van liefdadig werk, noch is het domweg het idee om 'goed te doen'. Het is veel meer: het is de manier van de toegewijden om hun liefde voor Amma uit te drukken.

We kunnen een relatie met Amma hebben waar we ook zijn, want Amma zegt ons dat Ze altijd bij ons is. Een jong meisje had een sterke wens om Amma te ontmoeten, maar kon niet naar Amritapuri gaan. Ze werkte als dienstmeisje in een heel streng huishouden en kon geen vrij vragen. Ze probeerde in contact te komen met mensen die Amma ontmoet hadden en die over Haar spraken, en ze was blij toen ze op een dag een klein fotootje van Amma kreeg. Niettemin bleef haar verlangen om Amma te ontmoeten en Haar darshan te krijgen sterk. Op een avond gingen verschillende mensen uit haar stad naar de ashram voor Amma's Devi Bhava programma en ze nodigden haar uit om met hen mee te gaan. Het meisje kreeg geen toestemming om met hen mee te gaan en was diepbedroefd.

Toen de eigenaren van het huis die avond vertrokken, ging het meisje met haar hoofd op de vloer liggen huilen. Plotseling voelde ze iemands aanwezigheid in de kamer. Ze tilde haar hoofd op en was overweldigd toen ze Amma op de bank zag zitten, gekleed als Devi in een groene sari en met de kroon en sieraden van de Goddelijke Moeder. Er hing een zeer speciale geur om Haar heen. Het meisje dacht dat ze misschien droomde, maar ze wist dat ze klaarwakker was. Amma tilde haar van de vloer op, veegde haar tranen af en legde haar hoofd op Haar schouder. Ze zei: "Mijn lieve dochter, huil niet. Ik ben altijd bij je." Ze hield haar hand vast en keek diep in haar ogen en verdween toen plotseling.

Toen haar vrienden de volgende dag terugkwamen, vroeg het meisje welke kleur sari Amma had gedragen tijdens Devi Bhava. Ze bevestigden dat Amma inderdaad groen had gedragen. Het is vier jaar geleden sinds dit wonderbaarlijke visioen van Amma en ofschoon ze nooit naar Amritapuri is geweest om Amma persoonlijk te ontmoeten, weet ze in haar hart dat Amma altijd bij haar is.

In India heeft het onderricht van Gerealiseerde Meesters de basis van Sanatana Dharma gevormd. De trillingen van hun realisatie en de grote waarheden die zij hebben gesproken, zijn nog altijd in subtiele vorm aanwezig. Amma is het kroonjuweel van die oude, ononderbroken traditie.

Toen Amma zestien was, zag Haar jongere broer Haar bij de backwaters zitten huilen. Eerst dacht hij dat Ze huilde omdat iemand Haar een standje had gegeven of geslagen had en hij ging naar Haar toe om te vragen wat er gebeurd was. Amma keek naar hem en zei: "Zoon, ik kan het verdriet van de wereld voelen. Ik kan het geschreeuw van de lijdende mensheid horen en ik weet ook de manier om hun verdriet te verwijderen." Dit mededogen heeft in Haar leven gestalte gekregen en vormt het fundament van al Haar handelingen als Ze keer op keer probeert om ons te bereiken.

Het is misschien moeilijk om je voor te stellen dat Amma ieders hart en onze diepste verlangens kent, omdat Ze miljoenen kinderen over de hele wereld heeft. Maar Ze laat ieder van ons steeds opnieuw zien, dat Ze het vermogen heeft om ons te horen, om ons op het diepste niveau te kennen.

Amma zei eens: "Mijn kinderen denken dat ik niet aan hen denk, maar elke avond gaat Amma naar al haar kinderen over de hele wereld en kust ze goedenacht."

Sommige mensen praten over een gouden tijdperk dat eraan komt. Ik geloof dat dit is gekomen met Amma's geboorte op deze aarde. De genade die we hebben doordat Amma in ons midden is, is niet te bevatten. We zoeken allemaal naar een stukje hemel op aarde in het leven. Ik weet waar ik het mijne heb gevonden!

❀

In deze onzuivere wereld ligt de gelukzaligheid
van U in de hele schepping besloten.
Mijn hart beeft van verwachting
bij de gedachte aan het aanschouwen
van Uw kostbare vorm.
Dit ene verlangen doet me volhouden,
als de dagen in leegte voorbij drijven.

Wanneer zal de dag aanbreken
dat de wolken van begoocheling oplossen?
Uw zoete belofte maakt me dorstig
om van Uw vorm te drinken.
Als ik de gedachte aan U krachtig voor me houd,
realiseer ik me dat ik niets weet.
Het wordt zinloos iets anders te zoeken.

Eén aanraking van Uw lotusvoeten zal me bevrijden,
en ik zal blij verdrinken in Uw zee van mededogen.

❀

Woordenlijst

Adivasi's: oorspronkelijke bewoners van het land.

AIMS: Amrita Institute of Medical Sciences, Amma's hoogge-specialiseerde ziekenhuis in Cochin.

Amritapuri: Amma's hoofdashram in Kerala, India.

Amritavarsham50: evenement van vier dagen voor wereldvrede en harmonie, gehouden in Cochin in 2003 ter gelegenheid van Amma's 50ste verjaardag.

Arati: het zwaaien met brandende kamfer onder het luiden van een bel aan het einde van de aanbidding. Het symboliseert de totale overgave van het ego aan God.

Archana: het herhalen van de namen van God.

Arjuna: een beroemde krijgsman en prins, de geliefde leerling van Sri Krishna aan wie Hij het onderricht van de *Bhagavad Gita* gaf in ongeveer 3000 v.C.

Ashram: een woongemeenschap waar spirituele discipline wordt beoefend; het verblijf van een heilige.

Atman: het Hoogste Zelf of Bewustzijn; verwijst zowel naar de Hoogste Ziel als de individuele ziel.

Ayurveda: de traditionele Indiase geneeskunde.

Bhajans: devotionele liederen.

Bhava: goddelijke stemming of houding.

Brahmachari: een celibatair levende mannelijke leerling die spirituele disciplines beoefent.

Brahmacharini: het vrouwelijke equivalent van brahmachari.

Chai: Indiase thee die met melk gekookt wordt.

Chatti: ronde metalen schaal die bij het bouwen gebruikt wordt om dingen in te vervoeren.

Darshan: visie van God of ontvangst door een heilige.

Devi: Goddelijke Moeder.

Dharma: plicht of juiste verantwoordelijkheid.

Dhoti: doek die om het middel geslagen wordt en gewoonlijk door mannen gedragen wordt.

Bruidsschat: geld en goederen die door de familie van de bruid aan haar man en zijn familie gegeven worden.

Ego: beperkt ik-bewustzijn, dat zich identificeert met beperkte dingen als het lichaam en de geest.

Gopis: koeienhoedsters en melkmeisjes die in Vrindavan woonden. Zij waren de meest intieme toegewijden van Krishna en staan bekend om hun intense devotie.

Guna's: eigenschappen (sattva, rajas, tamas). De drie eigenschappen van materie of energie die de wereld van verschijnselen vormen.

Guru: een spiritueel leraar.

Gurudev: 'Goddelijke Leraar', een gebruikelijke respectvolle Sanskriet term om een spiritueel leraar aan te spreken.

IAM: 'Integrated Amrita Meditation techniek' ontwikkeld door Amma.

Japa: herhaling van een mantra.

Kalari: de kleine tempel waar Amma in het begin de Bhava Darshans hield.

Karma Yoga: de weg van handelen door onbaatzuchtig te dienen.

Karma: handeling of daad; ook de reeks van effecten die onze handelingen teweegbrengen.

Krishna: de achtste incarnatie van Vishnu, Wiens onderricht de *Bhagavad Gita* vormt.

Kurukshetra: het slagveld waar de Mahabharata-oorlog plaatsvond. Hier gaf Sri Krishna het onderricht van de *Bhagavad Gita* aan Arjuna.

Mahatma: letterlijk 'Grote Ziel'. Een respectvolle hindoeïstische titel voor een spiritueel gevorderd iemand. In dit boek verwijst Mahatma naar een gerealiseerd iemand.

Mala: krans of halsketting.

Malayalam: Amma's moedertaal, de taal in Kerala.

Mantra: een heilige klank of groep woorden met de kracht om te transformeren.

Maya: illusie.

Om Amriteshwaryai Namaha: mantra die betekent "Gegroet, onsterfelijke Godin."

Om Namah Shivaya: krachtige mantra met verschillende interpretaties, die gewoonlijk betekent "Ik buig voor Hem die eeuwig gunstig gezind is."

Pada puja: traditionele aanbiddingsceremonie waarbij de voeten van de Guru gewassen worden.

Panchakarma: de vijf verschillende reinigingstechnieken bij een Ayurvedische behandeling.

Pappadam: dunne, ronde, krokant gefrituurd lekkernij die gewoonlijk met rijst geserveerd wordt.

Paramatman: de Hoogste Ziel of God.

Prasad: een gezegende offergave of gift van een heilige of tempel.

Puja: ceremoniële aanbidding.

Pujari: tempelpriester die ceremoniële aanbidding verricht.

Punyam: verdienste.

Radha: een van de gopi's. Ze was het dichtst bij Krishna en belichaamt de hoogste en zuiverste liefde voor God.

Rajas: activiteit, passie; een van de drie basiskwaliteiten (guna's) van de natuur die de inherente kenmerken van alle geschapen dingen bepaalt.

Rudraksha: zaad van een boom die vooral in Nepal gekweekt wordt en bekend is om zijn medische en spirituele kracht. Volgens de legende zijn het de tranen van Shiva.

Sadhana: spirituele oefeningen die naar het doel van Zelfrealisatie leiden.

Samadhi: eenheid met God; een transcendente toestand waarin men alle besef van individuele identiteit verliest.

Sanatana Dharma: letterlijk 'eeuwige religie'. De oorspronkelijke en traditionele naam voor het hindoeïsme.

Sankalpa: een besluit.

Sannyasa: ceremonie waarbij men formele geloften van verzaking aflegt.

Sanskriet: oude Indiase taal; naar men zegt is het de taal van de goden.

Satsang: luisteren naar een spirituele lezing of discussie; het gezelschap van heiligen en toegewijden.

Seva: onbaatzuchtig dienen.

Shraddha: zorg, aandacht, geloof.

Swami: iemand die de kloostergelofte van celibaat en verzaking afgelegd heeft.

Swamini: een vrouwelijke kloosterlinge.

Tapas: ascese en ontbering die men ondergaat om zich te reinigen.

Tulasi: heilig basilicum, een medicinale plant.

Tyagam: opgeven, verzaken.

Vairagya: onthechting; zonder hartstochten.

Vasanas: overgebleven indrukken van voorwerpen en handelingen die men ervaren heeft; latente neigingen.

Vedanta: een filosofisch stelsel dat voornamelijk op het onderricht van de *Upanishaden*, de *Bhagavad Gita* en de *Brahma Sutra's* is gebaseerd en de aard van het Zelf behandelt.

Vibhuti: heilige as die Amma gewoonlijk als prasad geeft.

Vrindavan: de plaats waar Sri Krishna als jongen woonde.

www.ingramcontent.com/pod-product-compliance
Lightning Source LLC
LaVergne TN
LVHW020352090426
835511LV00040B/3028